PORTRAIT DE STAR

Daniel Radcliffe

par Julie Pacorel

éditions why not

Achevé d'imprimer en novembre 2007 par Hurope (Espagne)
Dépôt légal : novembre 2007
N°ISBN 978-2-916611-10-5

PROLOGUE

De Harry à Daniel

Deux grands yeux bleu clair sous des sourcils broussailleux, une peau diaphane et un visage angulaire. Daniel Radcliffe, dix-huit ans, sourit comme un enfant, le regard brillant. Star planétaire depuis sept ans, il émane toujours de lui la joie incandescente de celui qui n'en revient pas d'être là. Il parle beaucoup, toujours très vite, de son accent british de gamin intelligent et bien élevé. Parfois, il manque d'air, suffoque, tant l'excitation est forte. Le rire est nerveux mais sincère, les tics naturels et charmants. Daniel ne contient pas son bonheur, il le laisse exploser à la face du monde. Cette authentique innocence désarme, interroge, ou séduit. Elle le protège aussi, paradoxalement.

On le prend parfois pour Elijah Wood, la star du film « Le seigneur des anneaux ». Il se dit flatté par la comparaison. On le confond de moins en moins, au fil des années, avec son double aux lunettes rondes et à la cicatrice sur le front, Harry Potter. Pendant des années, Daniel était Harry, Harry était Daniel. Une ressemblance frappante et touchante avec le héros de J.K. Rowling, la volonté des fans d'identifier Harry, l'anonymat de Daniel avant le film : tout était réuni pour que l'amalgame, facile, soit fait. Il aura fallu à Daniel Radcliffe des années de travail, des choix périlleux et un caractère solide pour prouver, simplement, son existence propre. Daniel Radcliffe, l'acteur, n'a plus rien à envier à Harry Potter, le petit sorcier héroïque. Il doit beaucoup au hasard, au privilège des gens bien nés, mais il doit encore plus à sa seule volonté. « *Je n'aimerais pas être accusé d'avoir réussi dans la vie juste par chance* », confie-t-il au quotidien britannique « The Guardian ». « *Je pense que chacun crée sa propre destinée. Ma mère et mon père croient au destin. Pour ma part, je vois des coïncidences, pas un chemin tout tracé. Si vous croyez que tout est dû au destin, alors vous devenez suffisants et vous attendez que les choses vous tombent dessus. J'aime être mis en danger. Même quand vous faites quelque chose de très intense, comme tourner des scènes qui vous demandent beaucoup, c'est toujours agréable et stimulant. On se sent tellement vivant quand on joue.* »

Daniel sera mis à l'épreuve plus d'une fois dans sa carrière. Dès l'âge de douze ans, il doit supporter une pression médiatique inédite, résister aux tentations de la mégalomanie, répondre aux attentes de fans. Alors qu'il prend ses marques avec le réalisateur Chris Columbus sur les deux premiers films de la saga « Harry Potter », il est contraint, puis ravi, de s'adapter à de nouvelles méthodes, de nouvelles personnalités et exigences, avec le mexicain Alfonso Cuaron, puis les britanniques Mike Newell et David Yates. A seize ans, il prend le risque de quitter la peau de Harry Potter pour tourner une petite production australienne. Histoire de transformer l'essai, il ira jusqu'à monter nu sur les planches d'un théâtre du West End londonien.

Du petit garçon timide à l'acteur convoité, Daniel n'a jamais voyagé seul. Il a profité de la compagnie du plus intelligent des enfants, Harry Potter. Un ami qui lui en a fait connaître d'autres, qui l'a aidé à trouver sa voie, qui lui a appris la vie. Un ami qu'il ne compte pas laisser derrière lui. « *Lorsque j'aurai tourné la dernière scène du dernier film* [de la saga], *je serai détruit. Harry Potter m'a tout donné, il m'a fait réussir mes examens. J'ai eu ma première petite copine, mon premier baiser. C'était ma vie* », déclare-t-il au journal anglais « Sunday Times ». Lorsqu'on lui brandit la menace de destins chaotiques et malheureux d'enfants stars déchus, Daniel ne perd pas confiance. « *Pourquoi personne ne parle jamais de Christian Bale, Tobey Maguire, Elijah Wood, Christina Ricci ou Jodie Foster, qui ont grandi et qui continuent à faire un travail formidable ?* ».

Million dollar baby

Une banlieue tranquille et huppée du sud-ouest de Londres, du genre *classe moyenne supérieure.* Les maisons de brique ocre possèdent toutes leur petit jardin et leur portillon en fer forgé. Fulham est connue pour son calme, et ses deux équipes de football en première ligue, Chelsea et Fulham. Daniel Jacob Radcliffe naît le 23 juillet 1989 avec une cuillère en or dans la bouche. Enfant unique de Marcia Gresham et Alan Radcliffe, il est inscrit dans une école privée pour garçons, Sussex House, à Chelsea, pour la modique somme de 12.000 livres l'année (soit 17.000 euros !). Une école qui définit son style comme « *traditionnel mais créatif* » et collectionne les médailles et les coupes en escrime. L'enseignement est rigoureux et classique, mais les élèves s'initient aussi aux arts, en participant aux ateliers de théâtre, de chorale ou de poésie. Ses parents se rappellent que, tout petit, Daniel s'intéressait aux sciences, particulièrement à la médecine. Le petit garçon aux cheveux raides et bruns et aux yeux bleus perçants aurait voulu être neurologue...étrange idée pour un enfant de six ans. Très vite, il en pince aussi pour le théâtre. « *Mon premier souvenir de comédien remonte à mes six ans, je jouais un singe* », a-t-il raconté au magazine people « E ! Online ». « *Je portais des oreilles tombantes, du maquillage orange et des collants, et je dansais sur scène...J'espère que personne ne ressortira jamais une photo de ce moment gênant.* » Pas de nouvelles de cette photo à ce jour...

Malgré ses premiers pas hésitants au théâtre, le petit Daniel a toutes les cartes en main pour devenir acteur. Maman est directrice de casting, tandis que papa est agent littéraire dans une agence prestigieuse. Défilent chez les Radcliffe plusieurs noms du cinéma et de la télévision britanniques, producteurs, réalisateurs ou agents. Le petit Daniel aurait-il profité des relations de ses parents ? Pas si simple. Marcia et Alan sont fermement opposés à ce que leur fils entre dans le *milieu*. Une carrière de comédien avortée dans leur jeunesse et des vocations déçues dans leur entourage les persuadent de protéger leur enfant. Leurs amis ne sont pas du même avis. Un ami de la famille recherche un petit garçon pour jouer Oliver Twist dans une adaptation télévisée du livre éponyme de Charles Dickens. Il lâche, lors d'un dîner chez les Radcliffe, qu'il verrait très bien Daniel dans ce rôle. « *Au début, mes parents ont refusé, puis j'ai tellement insisté qu'ils ont fini par appeler les gens du casting, mais ils avaient déjà trouvé leur Oliver Twist.* »

La comédie se présente à Daniel comme un exutoire. Il ne s'épanouit pas vraiment à l'école où il reste assez solitaire, loin des *bandes*. « *Je n'ai jamais fait partie des garçons cool à l'école, mais de toute façon, je ne comprends pas les gens cool* », explique-t-il dans une interview à l'agence Associated Press. « *Ce n'est pas que je ne les aime pas, mais ils ne m'intéressent pas.* » Pour l'aider à vaincre sa timidité et lui donner confiance en lui, sa mère accepte finalement, en 2000, d'envoyer sa photo à la BBC pour le casting d'une adaptation par Simon Curtis d'un autre roman de Charles Dickens, « David Copperfield ». « *Je n'étais ni sportif ni très scolaire, et si vous n'êtes aucun des deux, alors en général*

l'école n'est pas facile », explique Daniel au « Sunday Times ». « *Je crois que maman s'est dit, voyons, si nous envoyons Daniel à l'audition pour « David Copperfield », il n'aura pas le rôle, mais au moins, il aura fait quelque chose que les autres enfants n'auront pas fait.* »
Au terme de cinq auditions, Daniel obtient pourtant le rôle du jeune David. Un rôle de composition pour un enfant choyé, qui, à dix ans, doit traduire à l'écran la détresse et la révolte d'un jeune orphelin malmené par les adultes, exploité en usine et jeté à la rue. Pour ses premiers pas de comédien, il est accompagné d'acteurs confirmés tels que Maggie Smith, dans le rôle de l'excentrique tante Betsey ou Bob Hoskins dans le rôle de Micawber, l'un des personnages les plus comiques de Dickens. Maggie Smith, que Daniel allait retrouver sur le plateau d'Harry Potter dans le rôle du professeur McGonaghall, a été deux fois oscarisée, en 1969 comme meilleur premier rôle féminin dans « Les belles années de Miss Brodie » de Ronald Neame et en 1978 comme meilleur second rôle dans « California Hôtel » d'Herbert Ross. Quant à Bob Hoskins, ses vingt-cinq ans de carrière l'ont dirigé de « Othello » de Shakespeare à « Qui veut la peau de Roger Rabbit ? » de Robert Zemeckis.
Un casting imposant pour Daniel, qui avoue au Boston Herald, en 2000, avoir été « *très effrayé le premier jour* ». « *J'étais terrifié à l'idée de faire quelque chose de mal ou d'oublier mon texte* ». Simon Curtis, le réalisateur, confie au même journal son « *impression étrange de diriger à la fois certains des plus grands acteurs du monde et l'acteur le plus inexpérimenté du monde* ». Mais l'équipe est vite rassurée par les performances du jeune garçon qui sait jouer en alternance de son sourire malicieux et de son regard profondément

triste. Kate Hartwood, la productrice du téléfilm, repère immédiatement le potentiel de Daniel : « *Il a une qualité particulière de naturel et d'innocence. La caméra l'adore, et en même temps les autres enfants ne se sentent pas menacés par son aura.* »

Diffusé le jour de Noël sur la BBC (télévision publique anglaise), le téléfilm remporte autant de succès auprès du public que des critiques. Daniel est particulièrement salué par la presse pour son premier rôle professionnel. Le site culturevulture.net, de réputation très exigeant, reconnaît ses qualités : « *Daniel Radcliffe possède une présence naturelle assez rare chez les jeunes acteurs, et ressemble à un petit garçon normal, ce qui correspond au rôle. David Copperfield n'est pas un garçon exceptionnel, c'est un garçon ordinaire à qui des choses extraordinaires arrivent.* »
Cette première expérience conforte Daniel dans son désir naissant : quitter l'école pour jouer tout l'année... Malheureusement pour lui, la loi britannique est très stricte pour les acteurs mineurs : pas plus de quatre heures de tournage par jour, le reste du temps étant consacré aux études, avec un tuteur personnel. Daniel retourne à sa vie *normale* pour quelques mois seulement, jusqu'à ce que ses parents le laissent auditionner pour un film de John Boorman, « Le tailleur de Panama ». Harry Pendel (Geoffrey Rush), ancien escroc londonien exilé à Panama avec sa femme (Jamie Lee Curtis) et ses enfants (dont Daniel Radcliffe), est réputé pour ses talents de tailleur comme pour sa conversation habile avec les clients. Il mène une existence paisible jusqu'à ce qu'Andy Osnard (Pierce Brosnan), un espion sans scrupule, l'incite à collaborer avec les services secrets en le menaçant

de dévoiler son passé de voyou. Daniel Radcliffe n'occupe qu'un tout petit rôle dans cette adaptation sobre du roman de John Le Carré, à la limite de la figuration. Mais il étoffe ainsi son CV et apprend à travailler auprès de grandes figures du septième art comme Pierce Brosnan ou Jamie Lee Curtis.

Alors que s'achève le tournage du « Tailleur de Panama », commence en Grande-Bretagne un événement inratable pour tous les jeunes acteurs ambitieux : le casting du film « Harry Potter à l'école des sorciers ». La saga adaptée du roman à succès de J.K. Rowling est l'événement cinématographique le plus attendu de 2001, et le petit garçon qui remportera le rôle d'Harry fera l'objet de toutes les attentions. 40.000 enfants se présentent pour une audition selon l'AFP (Agence France Presse), 60.000 selon le quotidien « The Guardian » ! Sur le tournage du « Tailleur de Panama », Jamie Lee Curtis fait remarquer à la mère de Daniel que son fils ferait un très bon Harry. Mais l'ampleur du phénomène effraie tout de suite les bons parents que sont Alan et Marcia. D'autant que leur fils a tendance à être exagérément optimiste. Sachant que des milliers d'enfants participent au casting, ils ne veulent pas qu'il soit déçu si le rôle ne lui revient pas. Pas question donc que Daniel tente l'aventure. Il n'insiste pas ; le tournage du « Tailleur de Panama » occupe déjà tout son temps. Le phénomène « Harry Potter » est déjà sur les rails, et le rattrapera tôt ou tard...

Mon sorcier bien-aimé

Harry Potter est né de l'imagination d'une femme, Joanne Kathleen Rowling. Son histoire ressemble à celle d'une Cendrillon des temps modernes. Pourtant J.K. Rowling, comme elle se fait appeler, n'est pas devenue milliardaire d'un coup de baguette magique. Pas de marraine la fée, ni de carrosse dans sa vie, juste un petit garçon avec une cicatrice sur le front. Harry Potter a demandé à sa créatrice des années de travail et des sacrifices énormes pour devenir le succès planétaire et historique que l'on sait.

Toute petite déjà, Joanne Rowling inventait des histoires qu'elle écrivait et racontait à sa petite sœur, Di. Une enfance ordinaire dans les faubourgs de Bristol, à l'ouest de Londres, faite de jeux et d'histoires merveilleuses. A deux pâtés de maison vit la famille Potter, dont Joanne aime beaucoup le nom, qu'elle trouve « *simple et charmant* ». Après le succès du premier livre, Joanne reconnaît dans une lettre à Ruby Potter qu'elle a volé son nom mais l'assure que le personnage d'Harry n'est pas du tout inspiré de son fils Ian. Au lycée, Joanne découvre la musique pop, la liberté, et sa vocation. Elle confie à son meilleur ami qu'elle rêve d'être écrivain. Il ne la raille pas mais l'encourage. Insouciante et rebelle, Joanne est violemment projetée hors de l'adolescence lorsque sa mère apprend qu'elle est atteinte de sclérose en plaques. Très vite, son état se dégrade sous les yeux de ses deux filles et de son mari, impuissants. Déboussolée et désireuse de satisfaire les ambitions de ses parents, Joanne part étudier le français à l'université d'Exeter, alors qu'elle ne rêve que de littérature anglaise. Une année à Paris, la rencontre de son premier vrai petit ami, les années de fac passent vite. En 1990, le jeune couple décide de s'installer à Manchester. Joanne s'y rend le week-end pour visiter des appartements. C'est dans le train, entre Manchester et Londres, qu'Harry Potter va naître dans son imagination. « *Jamais une idée n'avait engendré chez moi une telle excitation* », écrit-elle sur son site officiel. « *Je n'avais pas de stylo en état de marche sur moi, et j'étais trop timide pour en emprunter un à quelqu'un. Je pense aujourd'hui que ce fut une bonne chose, car je suis restée à réfléchir pendant quatre heures (le train eut du retard), ce qui a permis à tous les détails de s'accumuler pour donner vie dans mon esprit à ce petit garçon maigre à lunettes et aux cheveux noirs qui ignorait qu'il était magicien.* » Gryffondor, Poufsouffle, les *moldus*, Voldemort, le *Quidditch*...l'univers de Poudlard, l'école des sorciers, est inventé. Le soir même, Rowling se lance dans l'écriture des premières pages de « Harry Potter à l'école des sorciers », et emporte avec elle à Manchester le manuscrit qui s'épaissit.

Le 30 décembre 1990, la mère de Joanne Rowling décède, à seulement quarante-cinq ans. Les pages agrafées d'Harry Potter sont reléguées dans un tiroir. « *Je me rappelle un sentiment d'oppression, comme si j'avais eu la poitrine écrasée sous une dalle* », décrit-elle. Neuf mois plus tard, Rowling plaque tout et s'installe au Portugal, pour « *s'éloigner quelque temps* ». Professeur d'anglais dans un institut de langues, elle se remet à écrire pendant son temps libre. Mais la perte de sa mère bouleverse profondément le roman. « *Dans la première version, j'avais vraiment achevé les parents d'Harry d'une manière désinvolte. Et puis maman est morte. Alors je ne pouvais plus tuer ses parents de cette manière parce que désormais je savais ce que l'on ressentait en perdant un proche. Les sentiments d'Harry envers ses parents disparus sont devenus bien plus profonds et tangibles* », raconte-t-elle sur son site. C'est pendant cette période que Rowling écrit son chapitre préféré du tome 1, « Le miroir du Rised », dans lequel Harry découvre un miroir magique qui lui révèle ce qu'il désire le plus au monde. Le petit garçon y voit le reflet de ses parents, qu'il n'a jamais connus. Rowling ne finira pas son livre au Portugal, mais en ramènera sa fille aînée, Jessica, née d'un mariage « *raté* » avec un Portugais, Jorge Arantes. Mère célibataire, elle rentre à Edimbourg, près de sa sœur, décidée à terminer son livre coûte que coûte, grâce à l'aide sociale. Pas de place en crèche pour Jessica, Rowling devra donc écrire entre deux biberons. « *Lorsque Jessica s'endormait dans sa poussette*, raconte-t-elle, *je me précipitais dans le café le plus proche pour y écrire comme une folle. Il m'arrivait parfois de haïr ce livre, même si je l'adorais* ». Le jour dans les cafés, elle griffonne dans ses carnets, le soir à l'université, elle tape son manuscrit sur ordinateur pendant que sa fille joue à ses pieds. Lorsqu'elle termine enfin les aventures du petit sorcier, Rowling cherche un agent dans les pages jaunes. Elle choisit Christopher Little parce qu'elle « *aime bien son nom* ». Immédiatement sous le charme de l'histoire, il accepte de la représenter, mais la met en garde : le texte est très long, entièrement plongé dans l'univers de l'école… pas facile à vendre. Ce n'est qu'en août 1996 que Bloomsbury's lui propose un tirage à cinq mille exemplaires. L'éditeur explique toutefois à Rowling que les petits garçons seront réticents à acheter un livre écrit par une femme. Joanne prend donc l'initiale de son prénom ainsi que l'initiale du prénom de sa grand-mère, Kathleen, pour former son pseudonyme, J.K. Rowling. Dès son lancement, le livre connaît un succès inédit dans l'édition jeunesse. Pendant 31 semaines, il reste numéro un des ventes aux Etats-Unis. Rowling vendra plus de 70.000 exemplaires de ce premier tome ! Le phénomène Harry Potter est lancé. A l'automne 1998, le second tome, « Harry Potter et la chambre des secrets », bat le record du premier livre. Au premier juillet 2007, après la parution de six tomes, la saga Harry Potter a été vendue à plus de 350 millions d'exemplaires, traduite en 64 langues et a rapporté plus d'un milliard d'euros à son auteur ! L'hystérie déclenchée par la parution de chaque nouveau tome atteint son apogée avec le septième et ultime tome, « Harry Potter et les reliques de la mort », sorti (en version anglaise) en juillet 2007 et vendu à 11,3 millions d'exemplaires aux Etats-Unis, en Grande-Bretagne et en Allemagne dans les 24 heures suivant sa commercialisation ! La version française, parue en octobre 2007, connaît à son tour un succès phénoménal.

Ce raz-de-marée littéraire suscite nombre de débats, d'analyses et de critiques dans le monde entier. Chacun s'interroge sur les raisons du succès, à l'heure où les enfants « *ne lisent plus* ». En mars 2000, dans le journal « Le Monde », Florence Noiville se demande : « *Qui aurait pu croire, par exemple, qu'il réconcilierait avec la lecture autant d'enfants - surtout des garçons - qui, au bout de 300 pages, jubilent et en redemandent ? Qui aurait pu croire que les chaudrons et les baguettes magiques pouvaient être encore 'efficaces' au temps de la PlayStation et du cyberspace?* » Pour Jean-François Ménard, le traducteur français de la saga cité par le journal : « *Ce sont des livres qui, au-delà de leur caractère divertissant, révèlent une profonde angoisse. Harry est perpétuellement en proie à la peur : école, environnement instable, beaux-parents hostiles, incertitudes des origines... Il est une métaphore, magistrale et universelle de la situation des enfants aujourd'hui. Ajoutez à cela une grande finesse psychologique, une grande variété d'émotions, allant de la joie à la panique, et vous obtenez quelque-chose de très intense.* » Joanne Rowling a parfaitement su capter les attentes d'un enfant, tout simplement parce qu'elle se souvient très bien de cette période de sa vie : « *Tout ce que j'écris vient de ma mémoire d'enfant. Je me rappelle extraordinairement clairement ce que c'est que d'avoir onze ans. Je n'ai besoin d'aucune recherche.* »

Dans son essai sociologique « Harry Potter, les raisons d'un succès », Isabelle Smadja trouve comme première clé du phénomène le modèle même du récit, calqué sur les contes de fées. Harry Potter, orphelin maltraité, devra suivre plusieurs étapes initiatiques pour découvrir son fabuleux destin. Comme Cendrillon ou Superman, Harry Potter est un héros attachant parce qu'il est d'abord un enfant malheureux, complexé et trop intelligent. Harry c'est aussi Jésus, *l'Elu* de tout un peuple, dont le retour est attendu de tous les sorciers. Rowling a habilement réussi à combiner mythes anciens - en empruntant à Orphée, Gorgone et Cerbère, et même à la Bible - et technologie moderne. Dans Harry Potter, la pierre philosophale et l'épée de Gryffondor cohabitent sans faux pas avec les balais super rapides *Nimbus 2000.* Plus étonnant, beaucoup ont aussi analysé la trame d'Harry Potter comme une résurgence de la seconde guerre mondiale. Lord Voldemort, comme Hitler, cherche à éradiquer de la planète les *sangs-de-bourbe*, c'est-à-dire les sorciers d'origine *moldue*, donc non *purs*. Les élèves résistent en créant l'armée de Dumbledore et Harry, en chef de la résistance, doit se cacher pendant tout le septième tome lorsque le totalitarisme règne sur l'Angleterre. Salazar Serpentard, le fondateur de la maison éponyme de Poudlard, connu pour son attirance pour la magie noire, serait une référence au dictateur portugais hitlérien Antonio de Oliveira Salazar. Quels que soient ses sens cachés, Harry Potter nous parle d'un univers magique et merveilleux qui, finalement, n'est pas si éloigné du nôtre. Certes, les élèves de Poudlard portent des chapeaux pointus et apprennent à jeter des sorts, mais ils s'ennuient autant au cours d'histoire de la magie d'un fantôme sénile, que les *moldus* en cours de physique, passent des examens difficiles comme tout le monde, et cherchent avant tout à se faire des amis.

Rowling a su très habilement faire évoluer ses personnages, très manichéens dans le premier tome, en révélant au compte-goutte des passages de leur histoire personnelle ou des traits de personnalité cachés pour brouiller les pistes. Harry n'est pas parfait : il éprouve de la jalousie, de la peur, de la colère, de la haine même. Troublé par les similitudes qui l'unissent à Voldemort, Harry sera rassuré par Dumbledore qui lui enseigne : « *Ce sont nos choix qui montrent ce que nous sommes vraiment, beaucoup plus que nos aptitudes.* » Du premier au dernier tome, le suspense demeurera entier quant au personnage de Rogue, le professeur de défense contre les Forces du mal. Impitoyable et cruel avec Harry, mais respecté et aimé par Dumbledore, de quel côté est-il ? C'est grâce à des centaines de pages de notes annexes, des dessins d'arbre généalogique pour chaque personnage, et une parfaite connaissance de son univers imaginaire, que Rowling a réussi un tel tour de magie.

Harry Potter a révolutionné la littérature enfantine, provoquant des mouvements de foule dignes des plus grandes rock stars (on a tous en tête les images de ces librairies assiégées par des centaines de fans en plein milieu de la nuit pour être les premiers à acquérir l'objet tant convoité). Dans un sondage réalisé en Grande-Bretagne en 2001, le sorcier à lunettes rondes devance Sherlock Holmes, Oliver Twist, Winnie l'Ourson et James Bond comme 'Personnage de fiction littéraire le plus célèbre'. Le quatrième tome, « Harry Potter et la Coupe de feu », marque un tournant dans cette frénésie médiatique et marketing. L'hebdomadaire « L'Express » relate, en 1999 : « *Aux Etats-Unis, les librairies sont restées ouvertes jusqu'à minuit pour éviter l'émeute. Des milliers d'enfants ont campé sur le trottoir pour être les premiers à lire « La coupe de feu ». (...) Federal Express a mobilisé la bagatelle de 9.000 camions pour livrer les 400.000 exemplaires pré-commandés chez amazon.com, la librairie en ligne.* » Harry Potter est le premier roman pour enfants pour lequel un système de pré-réservation est mis en place. Une innovation qui laisse un goût amer à certains libraires, craignant de voir leur métier transformé par ce qu'on appelle déjà « Le phénomène HP ». Citée dans « Le Monde » à plusieurs reprises en 1999 et 2000, Blandine Vecten, libraire à Paris, avoue son désarroi : « *Je présente des milliers de livres, j'essaie de faire en sorte que le regard se pose sur le plus grand nombre de titres différents. Je préfère vendre trois livres à 6 euros plutôt qu'un à 20. La pré-réservation est contraire à l'esprit de la librairie où les gens fouinent, découvrent. Cela s'apparente à la vente par correspondance. Nous avons tout à y perdre. Car les meilleurs, pour vendre un livre et un seul, ce ne sont pas les libraires, mais les grandes surfaces.* » Elle s'indigne aussi contre la politique de Gallimard pour la vente du quatrième tome, proposé uniquement en grand format à 120 francs (18 euros) tandis que les trois premiers étaient sortis simultanément en poche à 40 francs (6 euros). Plusieurs clients se plaignent également de ce que le prix de l'ouvrage n'apparaisse pas sur les bons de pré-réservation. « *Cette politique de profit maximal est scandaleuse* », résume Blandine Vecten.

Avec la sortie du premier film inspiré de la saga, la stratégie marketing autour d'Harry Potter s'intensifie. Déjà du côté de la maison d'édition Gallimard, en France, qui lance à l'occasion du long-métrage un journal intime et un agenda. La Warner Bros, qui produit le film, met le paquet : chaussettes Olympia, friandises de Cap Candy, cartes à collectionner, baladeurs et réveils, jeux Mattel et Lego. Sans oublier le jeu vidéo lancé par Electronic Arts, compatible avec les consoles Nintendo et Sony, et sur PC, grâce auquel le joueur peut, le temps d'une partie, se glisser dans la peau du petit sorcier. AOL Time Warner, qui détient la Warner Bros, signe un contrat de 150 millions de dollars avec Coca-Cola, grâce auquel ce dernier peut utiliser des images du film sur ses sodas. J.K. Rowling et son agent, qui contrôlent tous ces produits, refusent toutefois d'en faire la promotion ou de proposer des coffrets *bundle*, avec par exemple le livre et des friandises, ou le livre et le jeu vidéo.

Pourtant, le succès de la saga, en livres comme en films, est une surprise pour les producteurs qui ont acheté les droits d'un « *roman pour enfants sans importance* » en 1997. Cette année-là, David Heyman, ancien cadre de la Warner Bros devenu producteur indépendant, rentre à Londres après dix-sept ans à Los Angeles pour monter sa société de production, Heyday Films. Il est missionné par la Warner pour être les yeux et les oreilles de la multinationale en Grande-Bretagne, et se voit chargé de développer du matériel créatif et de repérer les coproductions potentielles qui seraient plus intéressantes à produire dans les îles britanniques qu'aux Etats-Unis. David Heyman part donc en chasse.

L'un des premiers livres à arriver sur son bureau est « Harry Potter à l'école des sorciers ». « *Dès le premier paragraphe j'ai su qu'il y avait quelque chose de spécial* », raconte-t-il à « Entertainment Weekly ». « *C'est une histoire tellement humaine, tellement émouvante. Harry est tellement 'Monsieur tout le monde'. Il vient d'une famille horrible, il n'est pas très doué en classe. De plus, Poudlard est l'école dans laquelle tout le monde voudrait aller. Le livre était drôle, incroyablement imaginatif, voilà pourquoi je l'ai aimé* ». « *Lorsque j'ai commencé les négociations, Joanne K. Rowling était inconnue* », reprend-il. « *Elle a accepté de me céder les droits parce que j'étais anglais, comme elle. Elle voulait être sûre que je respecte le ton, le climat, l'humour, les personnages si parfaitement britanniques de son livre. Je n'imaginais pas alors que le roman, puis le film allaient ainsi cartonner dans*

le monde entier et devenir un véritable phénomène de société. Je ne soupçonnais pas non plus que des enfants habitués à des héros intergalactiques, à la guerre des étoiles, puissent s'identifier à un orphelin magicien qui se bat avec courage et panache pour la sauvegarde des valeurs traditionnelles : l'amitié, l'honneur, le courage, la réalisation de soi. »
Il convainc J.K. Rowling que l'intégrité de son œuvre sera préservée avec la Warner Bros, et obtient les droits pour le premier film pour un montant estimé à 700.000 euros. Heyman n'a pas la moindre idée du *blockbuster* qui s'annonce, et raconte au « Chicago Sun-Times » qu'il voyait le film comme « *un divertissement familial britannique à budget modeste qui pourrait marcher* ». Dans une interview au « Guardian », J.K. Rowling confie qu'elle est très inquiète quand elle pense au film qui va sortir, et que même si on lui demande souvent son avis, elle n'a aucun contrôle sur le résultat final : « *Je suis nerveuse parce que je me bats bec et ongle pour maintenir la pureté du livre, pour être sûre que lorsque des produits dérivés sortiront avec Harry Potter dessus, ce seront vraiment des produits 'Harry Potter'.* ». Elle insiste dans le « New York Times » : « *Je ferai tout pour empêcher Harry de se pointer avec une boite de fast-food. Ce serait mon pire cauchemar* ». Elle est rassurée par Steve Kloves, le scénariste du film, la personne qu'elle redoutait le plus de rencontrer. « *J'étais prête à le détester* », explique-t-elle au « Guardian ». « *C'était l'homme qui allait massacrer mon bébé. La première fois que je l'ai rencontré, il m'a demandé : « Vous savez quel est mon personnage préféré ? », et j'ai pensé « Il va dire Ron, c'est très facile d'aimer Ron, mais tellement évident aussi ». Mais quand il m'a dit : « Hermione », j'ai fondu !* ».
Le choix du réalisateur, lui, prend plus de temps. D'autant

que l'enjeu n'est pas seulement la tonalité, la couleur du film, mais aussi sa nationalité. J.K. Rowling tient à un casting anglais pour préserver l'ambiance *so british* de Poudlard, le *Tea Time* du professeur Trelawney et l'humour pince-sans-rire des jumeaux Weasleys. La production choisit finalement Chris Columbus.

Lors d'un entretien de deux heures, Columbus a expliqué aux producteurs qu'il voulait que les scènes du monde réel soient pâles et floues, tandis que les scènes du monde des sorciers seraient très colorées et détaillées, à la manière des films de David Lean « De grandes espérances » et « Oliver Twist ». « *Pour la palette de couleurs, nous avons parlé de « Oliver Twist » et du « Parrain », qui ont une qualité de couleurs proche du Technicolor* », explique Columbus à « Entertainment Weekly ». « *Lorsque nous entrons dans le monde magique – c'est ainsi que nous parlons de Poudlard - je voulais que chaque plan soit imprégné de merveilleux.* » David Heyman est convaincu : « *Il voulait rester fidèle à J.K. Rowling et à ses livres, c'était le plus important pour moi* ». Le choix est fait.

La Warner Bros rassure les fans : le casting sera britannique, et Chris Columbus respectera le livre à la lettre. Columbus est un maître du divertissement grand public. Il fait ses armes comme scénariste d'abord, sur le film « Gremlins » de Joe Dante, célèbre divertissement fantastique où de petits animaux bêtes et méchants se reproduisent sans fin jusqu'à devenir le cauchemar de leurs propriétaires. Il passe derrière la caméra en 1987 et met en scène deux comédies familiales tombées dans l'oubli, « Nuit de folie » et « Heartbreak Hotel ». Son heure de gloire vient dans les années 90 avec deux comédies pour enfants : la série des « Maman, j'ai

raté l'avion » avec Macaulay Culkin et « Madame Doubtfire » avec Robin Williams. Un porte-parole de la Warner, Lorenzo di Bonaventura, explique le choix du groupe : « *Il était important pour nous de trouver un réalisateur qui ait des affinités pour les enfants et pour la magie. Je ne vois personne de mieux que Chris.* »
Columbus confie la lourde charge du casting de « Harry Potter à l'école des sorciers » à Susie Figgis. Les rôles secondaires, principalement des adultes, sont assez vite trouvés. Les acteurs choisis sont tous britanniques, connus du grand public et très expérimentés. Ainsi, pour le rôle du professeur Minerva McGonagall, vice-directrice de l'école de Poudlard, sévère mais juste et empathique, l'équipe du film choisit Maggie Smith, avec laquelle Daniel Radcliffe a déjà joué dans « David Copperfield ». Robbie Coltrane, quarante-neuf ans au moment du casting, est retenu pour interprété Hagrid, le demi-géant au cœur d'or qui protège Harry et éprouve une affection risquée pour les animaux dangereux qui peuplent la Forêt interdite. Robbie Coltrane est connu pour son interprétation dans « Flash Gordon » (1980) et pour son rôle de truand russe dans deux James Bond, « Goldeneye » (1995) et « Le monde ne suffit pas » (1999). Pour jouer Rogue, le professeur ambivalent et inquiétant aux cheveux longs et gras, Tim Roth avait d'abord été sélectionné, mais il a finalement préféré le rôle de l'impitoyable Thade, chef de l'armée des singes, dans « La planète des singes » de Tim Burton, tourné au même moment. C'est Alan Rickman qui endossera finalement le rôle du professeur le détesté par Harry. Richard Harris, habitué des films de guerre (« Les héros de Télémark », « Major Dundee »), des westerns (« Un homme nommé *cheval* »,

« Impitoyable »), et des films historiques (« Les révoltés du Bounty », « Gladiator »), obtient le rôle du sage et rassurant directeur de Poudlard, Albus Dumbledore.
Mais le plus difficile reste à faire. Susie Figgis aura beaucoup plus de mal à dénicher les perles rares pour les rôles clés de la saga : Harry, Ron et Hermione. Les rumeurs courent, l'équipe du film s'impatiente. Où se cachent les trois petits sorciers ?...

Le rôle de sa vie

Qui jouera Harry Potter ? La question est épineuse. Beaucoup s'y casseront les dents, dont Steven Spielberg, pressenti dans un premier temps pour réaliser le film. D'après l'hebdomadaire anglais « The Sunday Express », Spielberg aurait sous-estimé le droit de regard accordé par la Warner à J.K. Rowling. Le réalisateur tient absolument à embaucher l'enfant-star Haley Joel Osment (« Sixième sens », « A.I. »), ce à quoi Rowling s'oppose formellement. Pour elle, Harry sera britannique ou ne sera pas. Spielberg comprend vite qu'il ne pourra pas entièrement contrôler l'adaptation du best-seller, et quitte le projet.

Chris Columbus, le réalisateur finalement retenu par la production, se range du côté de l'auteur, mais doit écarter la pression des studios. La production veut une star à l'affiche, et le nom de Haley Joel Osment revient sur le tapis. Alors même que Columbus ne cesse d'affirmer sa volonté d'embaucher un acteur britannique, l'acteur américain clame dans la presse qu'il adorerait jouer Harry Potter. « *Vous pouvez l'annoncer, et je commencerai à travailler mon accent* », déclare-t-il. Six mois plus tard, l'acteur reviendra sur ses paroles dans le « Guardian » : « *J'aime vraiment les livres* [de la saga Harry Potter] *mais je pense qu'ils devraient rester des livres, car le film ne pourra pas arriver à leur hauteur. Pour cette raison, je n'ai jamais envisagé de jouer le rôle. Je pense que le film va gâcher les livres pour beaucoup d'enfants.* »

L'affaire Haley Joel Osment déclenche une polémique quasi politique sur le choix d'acteurs américains pour jouer des rôles de britanniques. Depuis la performance de la texane Renée Zellweger dans le très british « Journal de Bridget Jones », un tabou semble être levé. La décision de Columbus de ne pas transiger sur la nationalité du futur Harry Potter est d'autant plus difficile à comprendre que le réalisateur peine à trouver son bonheur en Grande-Bretagne. Une chose est sûre : il veut « *un visage inconnu* ». « *Je veux qu'on croit vraiment que c'est Harry Potter* », déclare-t-il. Pour cela, l'acteur devra ressembler à la description que J.K. Rowling fait de son héros dans les premières pages du livre : « *Harry avait un visage mince, des genoux noueux, des cheveux noirs et des yeux d'un vert brillant. Il portait des lunettes rondes qu'il avait fallu rafistoler avec du papier collant à cause des nombreux coups de poing que Dudley lui avait donnés sur le nez.* »

Le casting pour Harry Potter débute à l'automne 1999, pour un premier jour de tournage programmé le 29 septembre 2000. En juillet 2000, Columbus se dit « *pas du tout convaincu* » par les enfants qu'il a auditionnés. Désespéré, il consulte une experte américaine du casting, Janet Hirshenson, ce qui finit d'exaspérer Susie Figgis, qui claque la porte. L'annonce de casting est pourtant claire : « *Le candidat idéal a entre neuf et onze ans, possède un peu d'expérience de scène, et ne sera pas intimidé sur un gros projet de film* ». Les auditions se déroulent devant Chris Columbus et sa fille, et durent cinq minutes par enfant.
« *Nous avons vu tellement d'enfants talentueux en recherchant notre Harry. Le processus a été intense et à plusieurs moments, nous avons pensé que jamais nous ne trouverions de garçon possédant l'esprit complexe et profond d'Harry*

Potter », raconte Chris Columbus au « Guardian » beaucoup plus tard. Le réalisateur cherche « *une âme d'adulte dans un corps d'enfant* », comme il l'explique au quotidien canadien « Toronto Sun ».

Finalement, le réalisateur montre une cassette du téléfilm « David Copperfield », avec Daniel Radcliffe, à sa directrice de casting : « *C'est lui. C'est lui que je veux* ». Elle soupire : « *Tu ne l'auras jamais* ». Janet Hirshenson le sait, les parents de Daniel ont toujours refusé de laisser auditionner leur fils. Jusqu'à maintenant en tous cas...

Car si Daniel ne vient pas à Harry, Harry ira à Daniel. Un soir, Alan et Marcia emmènent leur fils voir la pièce de théâtre « Stones in his pockets », une comédie relatant les déboires de deux figurants sur le tournage d'un gros film américain tourné en Irlande. Juste devant la famille Radcliffe s'assoient deux connaissances d'Alan, David Heyman, le producteur d'Harry Potter, et Steve Kloves, le scénariste. Pendant toute la pièce, les deux hommes ne cessent de se retourner pour observer Daniel. « *Je regardais la pièce, mais je ne pouvais plus me concentrer après avoir vu le gamin* », raconte David Heyman au « Daily telegraph ». Après la pièce, les deux hommes s'entretiennent avec Alan. « *Je ne savais pas qui ils étaient*, raconte Daniel, *mais mon père m'a demandé si j'aimerais aller au studio avec eux pour déjeuner* ». Le lendemain, David Heyman rappelle Alan Radcliffe qui accepte la proposition. Daniel se rend directement sur le lieu de tournage du futur *blockbuster*, les studios de Leavesden dans l'Hertfordshire (utilisés pendant les six années précédentes pour le James Bond « Goldeneye »). Daniel découvre, émerveillé, le décor du film fantastique, et répond aux quelques questions des producteurs qui lui proposent de revenir pour des tests. Il devra passer trois auditions, dont une sur un balai. Pourtant, à en croire Chris Columbus, Daniel a immédiatement subjugué l'équipe du film. « *Quand Daniel est entré dans les studios, nous avons su immédiatement que nous avions trouvé Harry* », raconte-t-il au « Guardian ». « *On a l'impression qu'il a vécu une vie beaucoup plus riche que la plupart des enfants de son âge. Il y a tellement de profondeur dans ses yeux* », ajoute-t-il dans une interview au « Detroit News ». David Heyman doit encore convaincre les parents de Daniel de signer le contrat. Ils avaient refusé, des mois auparavant, un accord qui contraignait leur fils à jouer dans les sept volets de la saga, tournés à Los Angeles. Finalement, ils signeront pour deux films seulement, avec la garantie que les deux seront produits en Grande-Bretagne. Conscient de l'ampleur du phénomène Harry Potter, Alan Radcliffe démissionne de son poste d'agent littéraire pour chaperonner à plein temps la carrière naissante de Daniel. Un pari avisé puisque sept ans plus tard, Daniel a toujours besoin de son père en plus de son attachée de presse et de ses agents de la Warner, pour organiser sa vie au cinéma et dans les médias.

Lorsqu'il apprend qu'il a été retenu pour le rôle, le petit Daniel, onze ans, ne réalise pas du tout ce qui lui arrive. « *J'étais dans mon bain. Mon père a surgi dans la pièce et m'a annoncé que j'avais le rôle. Je suis resté assis et j'ai pleuré de joie. Plus tard, dans la nuit, j'ai réveillé mes parents pour leur demander si c'était bien réel !* ». Daniel n'est pas un grand lecteur, et certainement pas un grand fan des livres de J.K. Rowling. « *Mes parents m'avaient, à tour de rôle, lu les deux premiers tomes. Mais je n'étais jamais allé au-delà* », avoue-t-il au mensuel « Studio Magazine ». « *Je ne savais même pas que l'histoire se prolongeait au-delà du deuxième tome ! Je devais être l'un des rares candidats au rôle dans ce cas, et pourtant, c'est moi qui l'ai eu !* ». Mais une grande question reste en suspens : J.K. Rowling va-t-elle approuver ce choix ? La réponse est oui, bien sûr. L'auteur est plus que satisfaite, elle est séduite : « *Pour avoir vu les essais au cinéma de Dan Radcliffe, je crois que le metteur en scène Chris Columbus n'aurait pas pu trouver de meilleur Harry* », affirme-t-elle à l'AFP. Dans une interview au « Detroit News », Columbus affirme qu'elle l'a félicité de son choix par ces mots : « *J'ai l'impression d'avoir retrouvé le fils que je n'ai jamais eu* ». La Warner ne pouvait espérer mieux. A partir du moment où il obtient le rôle, Daniel rattrape son retard en se plongeant dans les quatre premiers volets des aventures du petit sorcier. « *Je les ai adorés, et ils m'ont aidé à découvrir d'autres livres. Je crois qu'Harry Potter m'a fait aimé la lecture* », déclare-t-il sur la chaîne américaine NBC. Contrairement à Daniel, Rupert Grint, choisi pour interpréter Ron, le meilleur ami d'Harry, et Emma Watson, qui remporte le rôle d'Hermione Granger, la bêcheuse du groupe, sont de grands fans d'Harry Potter. Emma Watson a été repérée dans son école, avec plusieurs autres filles. Lorsqu'on lui propose d'auditionner, elle accepte : « *ça avait l'air sympa, donc je l'ai fait. Je l'ai pris au sérieux, mais je n'ai jamais vraiment pensé que j'avais une chance de décrocher le rôle.* » Rupert, lui, envoie sa photo à la Warner après avoir vu une annonce sur le site Newsround de la BBC. Après plusieurs semaines, toujours pas de retour. « *J'ai vu sur internet qu'un garçon avait envoyé une vidéo de lui, alors j'ai décidé de faire de même. Ma mère m'a filmé, même si elle est assez maladroite. J'ai fait un rap sur Ron et ensuite j'ai*

imité le personnage. Nous l'avons envoyée, et peu de temps après la directrice de casting a appelé pour me voir. »
Chris Columbus choisit les futurs Ron et Hermione non seulement pour leur talent d'acteur, mais aussi en fonction de l'alchimie du groupe. « *Le dernier test consistait à faire jouer une scénette à Dan avec différents Ron et Hermione. Nous avions besoin de voir ce qui se passait entre eux quand ils étaient ensemble. Lorsque Dan, Rupert et Emma se seront trouvés face à la caméra, c'était évident. Ils allaient bien ensemble.* » Un test indispensable puisque dans les livres, les trois héros ne se séparent jamais et jouent de leur complémentarité pour vaincre Voldemort. Harry le courageux trop fougueux, Ron le facétieux tête en l'air et Hermione la surdouée agaçante ont besoin les uns des autres. Dans toute la saga, le moment le plus sombre et désespéré décrit par Rowling n'intervient pas après un décès ou une défaite, mais lorsque Ron abandonne Harry et Hermione après une violente dispute, dans « Harry Potter et les reliques de la mort ». Sans l'appui les uns des autres, et sans la garantie de leur amitié réciproque, les trois héros sont déboussolés, amers et impuissants à résoudre la moindre énigme.

Rupert et Emma apprennent leur sélection en même temps. « *David Heyman nous a invité dans son bureau et nous a annoncé qu'on avait le rôle'*, raconte Emma. *Mon Dieu, j'étais sous le choc. Je suis restée sans bouger pendant cinq minutes, je ne pouvais pas le croire.* » Rupert, lui, ne peut même pas se souvenir de ce moment d'émotion intense, qu'il décrit pourtant comme « *le plus beau jour de sa vie* ».

Emma Watson, née à Oxford en 1990, et Rupert Grint, né

en 1988 dans l'Hertfordshire, sont complètement débutants. En dehors de pièces de théâtre scolaires, ils n'ont joué dans aucun film ou téléfilm avant « Harry Potter ». Le casting est audacieux : les acteurs principaux sont tous novices. La Warner redoute quelque peu la réaction des médias.

Forcée de revoir chaque paraphe du contrat avec les Radcliffe, la production n'annonce pas tout de suite la sélection de Daniel pour le rôle d'Harry, et les rumeurs s'amplifient de jour en jour. Le 18 août, le « Guardian » relaie une information propagée par le site américain Ain't it cool news : « *L'acteur britannique de treize ans Gabriel Thomson a été choisi parmi des milliers de jeunes pour jouer le sorcier à lunettes dans le premier film d'Harry Potter. Une annonce officielle est attendue pour lundi* », avance le quotidien. Gabriel Thomson a joué le petit Pip dans une adaptation pour la BBC du livre de Charles Dickens « De grandes espérances ». Deux jours plus tard, alors que la Warner annonce officiellement le choix de Daniel Radcliffe, le « Guardian » publie un rectificatif : « *Il semblerait que le journaliste d'Ain't it cool news se soit mélangé les pinceaux entre les différentes adaptations de Dickens diffusées à Noël dernier* ». Le 22 août, le suspense prend fin. Le nom de Daniel Radcliffe circule sur toutes les lèvres. Du jour au lendemain, le petit garçon timide se retrouve à la une des journaux. « *Dan est un vrai magicien* », titre le « Mirror ». La première réaction de toute la Grande-Bretagne est le soulagement : Harry sera bien anglais ! Même le ministre de la culture de l'époque, Chris Smith, s'en félicite : « *Je suis ravi que l'on fasse appel au talent britannique dans cette histoire typiquement britannique* », déclare-t-il à l'AFP.

La Warner organise une conférence de presse à Londres. Le président de la major, Lorenzo di Bonaventura, ouvre la conférence par ces mots : « *Nous avons cherché dans tous les foyers moldus et sorciers, et nous avons trouvé les personnes parfaites pour incarner Harry, Ron et Hermione avec Dan, Rupert et Emma. Ce sont des rôles en or, le genre de rôle qu'on n'a qu'une fois dans sa vie, et pour ces rôles il fallait des enfants qui portent la magie à l'écran* ». Hugh Davies, journaliste au « Telegraph », décrit Daniel comme « *un peu timide, mais pas trop nerveux* ». « *Daniel était tout guilleret, retardant ses réponses pendant qu'il décryptait les questions. Il a semblé assez bûcheur, souriant en lui-même lorsque les assistants intervenaient, soi-disant pour le protéger. (…) Daniel est devenu de plus en plus confiant au fur et à mesure de l'interview.* », décrit le chroniqueur. Intelligent, presque manipulateur, Daniel reste cependant un enfant de onze ans avec des préoccupations de son âge. Hugh Davies relate ainsi cet épisode de la conférence de presse : « *Il a parlé de sa chienne, Binker, un border terrier : « Je l'aime vraiment beaucoup ». Lorsqu'on lui a demandé ce qu'il ferait s'il était sorcier, il a grimacé et a répondu : « Je changerai mon chien en loup » !* ». Dès cette première conférence, la production couve son petit protégé. « *Les assistants du studio ont fait de leur mieux pour que cette première rencontre avec les médias se passe le mieux possible, en excluant les questions sur son salaire et en demandant, en raison de son âge, que les questions soient gentilles* », raconte le « Telegraph ». L'entourage de la future star craint en effet pour son équilibre. John Boorman, le réalisateur du « Tailleur de Panama », est très inquiet lorsqu'il apprend que Daniel a décroché le rôle tant convoité : « *Son enfance part en fumée…* », prédit-il. Mais

Chris Columbus, qui a déjà une bonne pratique des enfants stars avec la série des « Maman, j'ai raté l'avion », compte bien protéger ses petits sorciers de la pression médiatique et des tentations de la célébrité. « *Nous avons voulu que Daniel réalise bien que le cinéma était une très belle option dans la vie, mais que ça restait une option. Tous les enfants que j'ai choisis ont des parents solides, forts, et à l'évidence Macaulay Culkin* [la star de « Maman, j'ai raté l'avion »] *n'a jamais eu cela* ». Columbus se dit rassuré par Marcia et Alan, qui « *font de leur mieux, en permanence, pour être de bons parents* ». Lorsque les journalistes lui demandent s'il a peur de la célébrité, Daniel répond toujours : « *Je veux être célèbre, mais je veux aussi mener une vie normale, voir mes amis, faire mes devoirs, etc.* » Les parents de Daniel refusent les interviews et sont très vigilants à ce que certains aspects de sa vie restent secrets. Ils insistent par exemple pour que l'attitude de ses professeurs vis-à-vis de sa carrière d'acteur ne soit pas débattue en public. Les Radcliffe font tout pour que leur fils garde les pieds sur terre, et apparemment, réussissent plutôt bien. En novembre 2001, un journaliste du « Times » s'enthousiasme : « *Lorsque vous rencontrez Daniel, il est impossible de ne pas l'aimer. Il est très poli, souriant et chaleureux, l'antithèse parfaite d'un sale gosse d'Hollywood.* » Chris Columbus remarque très vite la modestie de Daniel, et s'en félicite : « *Il est beaucoup plus sûr de lui comme acteur que comme personne, c'est encore un enfant timide. Il me remercie après chaque prise. Jamais Julia Roberts ne ferait ça !* ». Cinq ans plus tard, alors que Daniel Radcliffe est devenu une star internationale, les éloges continuent de pleuvoir sur son comportement. L'acteur Ralph Fiennes, qui interprète Voldemort depuis « Harry Potter et la coupe de feu », est impressionné : « *Il est vraiment charmant, vraiment gentil. Ce doit être très difficile pour de jeunes acteurs de faire partie de cette énorme franchise, il y a tant de pression et d'exposition médiatique, et Daniel semble gérer tout cela à merveille. Je suis sûr que tout le monde imagine qu'il subit une influence négative, mais c'est vraiment un bon acteur.* » («The Mercury », novembre 2005). Daniel n'imagine pas encore qu'Harry va irrémédiablement changer sa vie.

Jeux d'enfants

Paradoxalement, le premier « Harry Potter » est un succès assuré du fait des ventes des livres, mais aussi un pari incertain. Pas question de se tromper, sinon « *le merchandising s'écroulera* », comme David Heyman l'apprend au journal « Le Monde ». Plus grave, si « Harry Potter à l'école des sorciers » ne comble pas les fans difficiles de J.K. Rowling, la saga s'arrêtera à l'épisode 2, « La Chambre des secrets ».

Les premiers mois de tournage s'apparentent à une visite touristique virtuelle des châteaux et cathédrales de Grande-Bretagne. Les illustres cloîtres voûtés de la cathédrale de Gloucester (Sud-Ouest de l'Angleterre) abritent les couloirs de Poudlard, les tours du château d'Alnwick (Nord-Est de l'Angleterre, 14ème siècle) sont le théâtre des scènes extérieures à l'école, tandis que ses pelouses sont réquisitionnées pour le terrain de *Quidditch*. La classe de métamorphose du professeur Mc Gonagall est installée dans la chapelle de la cathédrale de Durham, au Nord-Est de l'Angleterre. Pour loger la banque des sorciers, Gringotts, Columbus choisit le bâtiment imposant de la Haute Commission australienne, idéalement situé au cœur du quartier financier de Londres. Un porte-parole de l'ambassade s'amuse auprès du magazine « Entertainment Weekly » de cette *invasion* : « *Chaque matin, vingt nains arrivaient. Leur préparation durait des heures, et ils ne pouvaient pas manger avec le maquillage. Quand la journée de tournage se terminait, ils commandaient une centaine de pizzas.* » Outre l'équipe de 1.600 personnes affectée au tournage, les effets spéciaux mobilisent également plusieurs centaines de techniciens. Industrial Light and Magic, la société responsable des effets de « A.I. -Artificial Intelligence », de Spielberg, ressuscite Voldemort, qui dans les deux premiers films n'est pas incarné par un vrai acteur. Rhythm and Hues se charge du bébé dragon de Hagrid et Sony Pictures Imageworks gère les effets les plus colossaux, à savoir les scènes de *Quidditch*. Sans compter les 600 *mini-effets* par ordinateur, dont certains improvisés au cours du tournage. Les yeux bleus de Daniel Radcliffe doivent ainsi être retouchés numériquement pour correspondre le plus fidèlement possible aux pupilles vertes d'Harry, les lentilles étant insupportables pour le jeune comédien.

Le premier jour de tournage, le petit Daniel est terrassé par l'ampleur du projet. « *Au départ, j'étais plutôt rassuré car j'avais cru comprendre que nous ne serions que trois ce jour-là, Emma, Rupert et moi* », raconte-t-il à « Studio Magazine ». « *Mais en entrant sur le plateau, j'ai soudain découvert qu'il y avait des centaines de figurants avec nous. J'étais paralysé ! Heureusement, le producteur David Heyman et Chris Columbus ont pris le temps de m'entourer et de m'aider quand ils ont vu que j'étais paniqué* ». Daniel est trop jeune pour mesurer la responsabilité qui pèse sur ses épaules dans cette production à 125 millions de dollars, et sa désinvolture enfantine reprend vite le dessus. « *Au fond, nous étions juste des gamins sur un terrain de jeu géant. C'était avant tout du plaisir* », se souvient-il. Même s'ils travaillent aussi durement que n'importe quel acteur professionnel, les enfants ne voient pas le temps passer. Dans un making-of du film diffusé sur www.universharrypotter.com, on voit

Daniel et Rupert chahuter entre deux prises, se faisant rappeler à l'ordre par la script : « *Daniel, s'il te plaît, concentre toi !* ». Daniel est capable d'étrangler sa partenaire Emma Watson, hilare, et, à l'appel du clap, de dévaler les escaliers de Poudlard à la recherche de Dumbledore. Robbie Coltrane, qui joue Hagrid dans tous les films de la série, se souvient des farces continuelles des trois acteurs : « *Ils se jetaient des choses à la figure et jouaient à la Game Boy* », raconte-t-il à « Entertainment Weekly ». « *Ils demandaient aux maquilleurs de leur faire des balafres. Un jour, Daniel a demandé à l'un deux de lui dessiner un œil au beurre noir, et tout le monde s'est affolé en lui demandant ce qui s'était passé !* ». Coltrane lui-même est plusieurs fois victime des blagues de Daniel, clown plus féroce que les jumeaux Weasley. Un jour, le géant retrouve son téléphone portable programmé en turc… « *C'était très énervant, alors je suis allé les voir un par un en demandant « C'est toi, Rupert ? », non, « C'est toi Emma ? » Non. Et Daniel s'est finalement levé et m'a dit : « C'est moi ! ». Je lui ai dit : « Dis-moi, Daniel, comment tu dis 'changer de langue' en turc ? ». Il m'a dit : « Je n'en sais rien ». Alors je lui ai dit : « Et donc comment vais-je reprogrammer mon portable en anglais ? ». Il est devenu de plus en plus pâle. Plus tard il m'a écrit un mot très gentil pour me demander pardon. Heureusement j'ai trouvé quelqu'un dans la production dont la petite amie était turque* ».

Emma, Rupert et Daniel deviennent vite amis. « *Nous ressemblons tous les trois, dans une certaine mesure, à nos personnages* », analyse Daniel dans une interview à CBS en 2002. « *Harry, Ron et Hermione sont amis en raison de leurs personnalités, et je pense que nous sommes amis pour les mêmes raisons.* » Emma Watson confirme sa ressemblance avec Hermione : « *Je pense que mon frère vous dirait que je suis très autoritaire. Comme Hermione, je travaille dur et j'aime l'école, mais je ne suis pas obsédée par ça non plus. Et elle aime les chats. J'adore les chats.* » Les trois stars du film deviennent d'autant plus proches qu'ils voient de moins en moins leurs copains d'école. « *J'ai quelques amis proches* », confie Daniel au « Times », « *Et ce sont les mêmes qu'avant Harry Potter* ». Mais il découvre aussi la fascination qu'engendre la gloire : « *Plusieurs personnes à l'école ne m'ont jamais parlé avant, et dès que j'ai eu le rôle ils se sont mis à m'envoyer des e-mails et à faire comme si l'on était amis* ».

Chris Columbus est habitué à tourner avec des enfants, et rodé aux difficultés liées à cet exercice. « *Il faut leur apprendre comment se comporter face à la caméra. Dans les pièces de théâtre qu'ils jouent à l'école, ils ont tendance à sur-jouer, sur un film il faut être beaucoup moins emphatique. Une fois qu'ils ont eu cela à l'esprit, ce qui a pris environ deux semaines, le tournage s'est très bien passé* », décrit-il au « Hollywood Reporter ». Daniel Radcliffe envisage très sereinement son rôle : « *En fait, je n'ai pas vraiment besoin de réfléchir pour jouer Harry, car le personnage est très bien décrit dans le roman. Tout ce dont j'ai besoin pour jouer est dans les livres* ». Seul sacerdoce : pas facile d'affecter la détresse d'un orphelin maltraité par ses tuteurs quand on est l'enfant le plus comblé au monde. « *J'ai une relation tellement forte avec mes propres parents que c'est difficile à imaginer.* », explique Daniel à PBS Online. Mais il affectionne d'incarner un personnage « *vrai, complexe* » et non uni-dimensionnel. Il doit aussi apprendre à jouer avec des personnes inexistantes, comme les fantômes. « *Ça demande beaucoup de concentration* », décrit-il, « *Chris Columbus faisait les voix des fantômes, ça m'a aidé* ». Sur le tournage, une réelle complicité se noue entre le réalisateur et le jeune acteur. Columbus ne tarit pas d'éloges sur son petit prodige : « *Dan est très travailleur, il a soif de connaissance et pose un tas de questions en permanence* ». Robbie Coltrane, lui aussi, est très satisfait des premiers rôles du film : « *Ils sont très professionnels, mais pas trop maniérés. Ils ne ressemblent pas à ces petits acteurs qui arrivent les yeux brillants et vous racontent quelle était leur dernière production, ils sont beaucoup plus simples que ça. Daniel et Rupert forment un duo parfait, ce qui est important car Harry est un peu trop intense parfois, et Ron le rend plus léger* ». Aussi agréable et rafraîchissant cela soit il, tourner avec des enfants met en danger plus d'une fois la production. En février 2001, le journal « Observer » révèle que la Warner a été inquiétée par les autorités quant au contrat de Daniel Radcliffe. Le tournage du film doit se terminer en mars 2001, mais le mauvais temps retarde l'ensemble de la production. Le service judiciaire de la mairie de Londres aurait alerté la Warner que le contrat de Daniel ne l'autorise à jouer que jusqu'à la fin mars. « *En tant qu'écolier, l'autorisation de jouer a dû lui être accordée l'an dernier par l'autorité locale pour l'éducation, dans son cas Hammersmith et Fulham. Cette autorité a confirmé qu'elle n'a pas attribué à Daniel d'extension d'autorisation au-delà des 140 jours prévus* », relève le journaliste. Finalement, la Warner obtiendra cette extension jusqu'en juillet. L'école ne manque pas du tout à Daniel qui s'accoutume aux cours dispensés par son tuteur personnel, trois à quatre heures par jour de tournage. « *Avant que je ne commence à jouer*

Harry Potter, je fréquentais une école londonienne privée, ce qui n'a pas été une bonne expérience. Je l'ai quittée pour jouer Harry avec de gros problèmes de confiance en moi. Mais sur HP j'ai rencontré une tutrice formidable, Lina Wright. En six ans, elle a reconstruit ma confiance moi et m'a transmis une envie d'apprendre qui ne me quittera jamais. (...) Elle a changé ma vie ! ».

L'enfant de Fulham passe donc une onzième année bien remplie, aussi passionnante qu'insouciante. Jusqu'au 4 novembre 2001, date de la première mondiale du film au cinéma Odeon, à Londres. « *C'est à la première de « Harry Potter à l'école des sorciers » que je me suis aperçu de l'ampleur du phénomène. Je n'en revenais pas de voir tous ces gens hurler lors de notre passage sur le tapis rouge. Pendant le tournage, j'étais tellement concentré que je ne pensais pas à tous ces à-côtés. Si j'avais su que ce film était tant attendu, la pression m'aurait paralysé.* », confie t-il à « Studio Magazine ». A la veille du grand show, il avoue ne pas être préparé : « *Je vais juste prendre les choses comme elles viennent* ». Devant plus de 10.000 fans, les acteurs se prêtent au grand jeu des autographes et des photos. Daniel et Rupert sont surexcités mais font face, tandis qu'Emma paraît choquée, le regard alerte et la bouche ouverte, simplement vêtue d'un jean et d'un tee-shirt de coton gris. Quelques jours plus tard à Hollywood, la petite star a retenu la leçon et porte une grande robe verte en soie, dont elle ne cesse de remonter le décolleté tout en jetant des regards fiévreux en attente de Daniel et Rupert qui n'arrivent pas. « *Vous avez fait du shopping !* », s'exclame une journaliste américaine, mi-moqueuse, mi-attendrie. « *Je ne veux pas vraiment être célèbre* », avoue-t-elle à « Ottawa Citizen », « *Je n'aime pas l'idée d'avoir mon nom écrit dans le monde entier, d'être reconnue partout ou de marcher dans la rue et d'entendre les gens s'exclamer : « Oh mon Dieu, c'est Hermione ! ». Je veux être normale, j'aime être normale.* » Bien que son visage recouvre des centaines de bus et de murs dans le monde entier, Daniel Radcliffe insiste : sa vie n'a pas changé. « *Au jour le jour je traverse les mêmes étapes que n'importe quel adolescent – les affiches en plus* », assure-t-il dans le « Chicago Times » en 2004. Le film dure 143 minutes, une longueur inhabituelle pour un divertissement destiné aux enfants. Mais Chris Columbus contre-attaque en faisant allusion au dernier livre en date de J.K. Rowling, « Harry Potter et la Coupe de feu » : « *Les enfants sont capables de lire 700 pages, donc je pense qu'ils peuvent rester assis pendant deux heures et demie pour un film* ».

Contrairement à J.K. Rowling, Columbus a pris le parti d'immerger l'audience dans le monde des sorciers dès le début du film. Peut-être sa seule audace d'ailleurs dans un film très scolaire, fidèle à la ligne près au roman. La musique de John Williams, compositeur souvent sollicité par Spielberg, plonge le spectateur dans un monde à la Tim Burton, aussi inquiétant que féerique. La première séquence du film présente un Dumbledore parfaitement fidèle à l'image d'Epinal du sorcier : barbe blanche sur robe de velours bleu roi, chapeau pointu et petites lunettes, il éteint une à une, à l'aide de sa baguette magique, les lampadaires d'une rue *moldue* de la banlieue maussade de Little Whinging. Le fabuleux destin d'Harry Potter est révélé au spectateur dès le départ lorsque McGonagall, prenant le bébé des mains du géant Hagrid, fait cette prédiction : « *Ce garçon sera célèbre,*

pas un seul sorcier n'ignorera son nom ».
Columbus prend pour acquis l'intérêt des spectateurs et ne se donne pas la peine de ménager le suspense. Dès les premières scènes de la vie d'Harry sous le placard de la maison de sa tante Pétunia Dursley, Radcliffe révèle ses principaux atouts : de grands yeux aussi larges que le cadre de ses lunettes rondes et un tic, un petit rictus plus charmant que gênant. Persécuté par son énorme cousin Dudley, mal-aimé de son oncle et de sa tante, Harry n'hésite pas une seconde lorsque le géant Hagrid lui propose d'intégrer l'école de sorcellerie de Poudlard. Le caractère maladroit et timide du petit Harry est amplifié par la tendresse que dégage à ses côtés la présence d'Hagrid, aussi gros et grand qu'Harry est petit et maigrichon. Mais Harry n'est pas n'importe quel petit garçon et Radcliffe le sait. C'est pourquoi, lorsqu'il apprend les circonstances de la mort de ses parents, tués par Voldemort, et son surnom dans le monde sorcier de *survivant*, son regard n'est pas fier mais infiniment triste. A peine Harry Potter jouit-il d'une existence meilleure qu'il porte déjà tout le poids du monde sur ses épaules. Daniel Radcliffe jongle sans peine entre Harry sauveur de l'humanité, intense et intelligent, et Harry enfant de onze ans qui défie crânement Malfoy sur son balai *Nimbus 2000*.

Même si elles ne l'épargneront pas, les critiques seront plus douces avec le jeune comédien qu'avec le film dans son ensemble. La plus violente est certainement celle de Barbara Theate, dans le « Journal du dimanche », qui déplore : « *Ça va marcher parce que les gens qui ont aimé le livre iront voir le film, mais franchement c'est mal filmé et mal joué* ». « *Le petit prince de lumière est joué par Daniel Radcliffe qui possède du charme et un visage adorable, très ouvert, bien qu'il soit subtilement mais sûrement surpassé par ses camarades* », écrit le « Guardian ». « *Ils sont plus vivants qu'Harry qui accepte son destin et son héroïsme avec une régularité qui confine à l'insouciance et n'est jamais perturbé par des doutes ou des défaites qui ne soient rapidement balayés.* » « Le Monde », qui trouve que les enfants « *embrassent leur rôle avec l'enthousiasme de lecteurs de J.K. Rowling à qui l'on a fait un cadeau princier* », remarque toutefois : « *On aurait pu souhaiter, pour ce premier épisode, un Harry un peu plus enfantin, un peu moins sûr de lui* ». « Chronicart » attribue un sans faute au jeune acteur : « *Le casting est impeccable, notamment pour le rôle titre (Daniel Radcliffe correspond parfaitement à l'image que l'on avait du môme sorcier)* ». « *Les petits acteurs sont géniaux* », s'enthousiasme quant à elle Marie-Jo Juan sur France 2.

Le film, lui, est beaucoup moins apprécié. On lui reproche déjà sa fidélité quasi bornée au roman de J.K. Rowling. « *Le film de Chris Columbus est remarquable dans son entier asservissement à l'écrit : il est étroitement, habilement respectueux du livre, clairement récalcitrant à se mettre à dos les cent millions de fans du roman, et même ses minuscules écarts ont été fortement regrettés par les fidèles* », souligne le « Guardian ». « Le Monde » lui fait écho dans un article intitulé « *La sorcellerie sans la magie* », déplorant que « *faisant preuve d'une déférence scrupuleuse à l'égard du roman de J.K. Rowling, les péripéties s'enchaînent, les personnages surgissent avec une ponctualité plus helvétique que britannique (...) Ce film stérile ne suscite ni peur ni rires, juste le sentiment d'un devoir scolaire (et industriel) enfin accompli.* »

Ces critiques sont dures, mais si Columbus a produit une

œuvre assez fade à trop vouloir copier le maître Rowling, « Harry Potter à l'école des sorciers » reste néanmoins un divertissement efficace. « Chronicart » en prend son parti : « *De cette démarche formatée résulte irrémédiablement un produit industriel. Un très bon produit, mais un produit quand même. Rien de plus, rien de moins, ce qui n'est déjà pas si mal ! (...) Bien que totalement impersonnel, ce « Harry Potter... » est en effet suffisamment bien ficelé, ou plutôt bien fabriqué, pour qu'on s'y attache jusqu'au bout* ». Philip French, de « Observer », est lui tombé sous le charme du « *produit* » de Columbus : « *C'est une chaussette de Noël remplie de confiseries, avec un troll géant malveillant et un miroir magique qui surpasse celui de Blanche-Neige et les sept nains* ». Mais le journaliste apprécie surtout les nombreuses références du film, qui « *passeront au-dessus des têtes des enfants pour amuser leurs parents* ». Il ose même une comparaison flatteuse : « [« Harry Potter à l'école des sorciers »] *vieillira-t-il aussi bien que « Le magicien d'Oz », un film qui lui ressemble sous plusieurs aspects et qui réussit toujours à nous faire sautiller sur des briques dorées soixante ans plus tard ? C'est très possible. « Le magicien d'Oz » offrait aux enfants américains des années de la Dépression et à leurs camarades anglais du début de la deuxième guerre mondiale le confort. Harry Potter offre l'espoir de pouvoirs magiques pour les courageux, les rusés dans une période d'anxiété. Dorothy retourne au Kansas après avoir découvert qu'il n'existe aucun endroit plus beau que chez soi. Harry ne retourne pas à Privet Drive, Little Whinging, car il a trouvé un monde meilleur* ».

Finalement, seuls les décors du film semblent trouver grâce aux yeux de tous les critiques. Philip French s'exalte : « *Pou-*

dlard est un endroit magique, l'un des plus beaux bijoux du designer anglais Stuart Craig. Son grand hall ferait pâlir toutes les universités de Cambridge, et ses couloirs et escaliers semblent tout droit sortis d'une collaboration entre Piranesi et Escher. » « Le Monde » est moins euphorique, bien que sa seule critique positive soit destinée à la mise en scène : « *Les décors – du chemin de Traverse (la galerie marchande des sorciers) très Dickensien au réfectoire du collège – respectent scrupuleusement l'identité britannique de la série* ». L'« Observer » s'emballe : « *Ma mâchoire est tombée devant les plans magnifiques de l'entrée de Poudlard, avec ses escaliers mouvants et ses portraits animés* ».
Bien qu'il ait visionné le film trois fois de suite avant la première, Daniel Radcliffe, lui, ne supporte toujours pas de se voir à l'écran. Il obtiendra pourtant le plus beau des compliments, du plus exigeant des spectateurs, J.K. Rowling : « *Daniel a totalement compris le rôle* ».

Au-delà des critiques cinématographiques, le film devra également résister, comme les livres auparavant, aux attaques médiatisées d'associations religieuses. La British Association of Teachers and Lectures reproche au film d'attirer les enfants vers les sciences occultes et la magie noire. Dans le « Toronto Sun », Daniel réfute ces accusations avec violence : « *Je ne vois pas comment on peut appeler cela du satanisme. La seule chose qui sauve Harry du Mal, c'est l'amour que sa mère lui porte. Comment peut-on juger que cela est mauvais ?* ».

Les enfants stars de « Harry Potter » poussent à vue d'œil. Lors des premières les journalistes ne manquent pas de déceler que Daniel Radcliffe, le visage aminci, la voix plus rauque, a laissé à « L'école des sorciers » ses joues rebondies. Le « Guardian » révèle même avant la sortie du film que la voix de Daniel a mué pendant le tournage de « Harry Potter à l'école des sorciers » et qu'un doubleur a dû remplacer la voix de l'acteur pendant les dernières scènes du film. Conscient de la course contre le temps dans laquelle il doit s'engager pour que le décalage entre l'âge des acteurs et celui des personnages ne soit pas trop évident, David Heyman enchaîne très vite avec le tournage de « La chambre des secrets ». Lorsque ce deuxième opus sortira en salles, Daniel aura treize ans et Harry, douze. Une différence d'âge infime qui pourtant sera de plus en plus visible.

Forever young

Le temps du tapis rouge et des lunettes noires est éphémère. Daniel, nouvelle star, n'a pas vraiment le temps de prendre la grosse tête. « *Le premier film est sorti au cinéma un vendredi, et dès le lundi nous étions de retour dans les studios pour le tournage du deuxième* », raconte Chris Columbus à la BBC. Parfait pour Daniel, impatient de retourner dans les studios retrouver « *sa deuxième famille* » et heureux d'échapper encore à l'école. Aucune surprise à l'ordre du jour dans le casting de ce deuxième volet puisque tous les acteurs du premier ont rempilé. Un seul nouveau, de renom : Kenneth Branagh, acteur et réalisateur de « Hamlet » en 1996, dans le rôle de Gilderoy Lockhart, séducteur cabotin et écrivain prétentieux remplaçant Squirrel, mort dans le premier épisode, au poste de professeur de défense contre les forces du mal. « Harry Potter et la chambre des secrets » est un défi de taille pour la Warner car le livre est le moins populaire de la série. « *C'est un peu l'orphelin de la série* », constate Chris Columbus dans le « New York Times ». « *Nous avons demandé à beaucoup d'enfants quel était leur livre préféré dans les « Harry Potter », et pas un seul n'a répondu « La chambre des secrets » !* ». Columbus explique que le tome 2 est un tome « *difficile* » du fait de sa tonalité sociétale. Harry et ses amis découvrent en effet avec effroi que certains sorciers sont racistes envers les *sangs-de-bourbe*. Ce tome est plus sombre que le précédent et le lecteur, comme les personnages, ne s'amuse plus des facéties des lutins de Cornouailles ou des cris des mandragores, puisqu'ils sont, comme Harry, familiers de Poudlard. En tant que réalisateur, Columbus est comblé par ce tome : « *Nous savions avec ce film que nous avions de grandes opportunités pour des scènes d'action, et cela m'a vraiment plu. J'ai tourné certaines séquences courtes du livre, comme l'attaque des araignées géantes ou le combat contre le Basilik, comme des scènes d'action pure. J'avais l'impression d'avoir de nouveau huit ans, j'étais tellement impatient que l'on tourne ces scènes* ».

Dans « La chambre des secrets », Harry Potter est cloîtré chez les Dursleys pendant les vacances d'été, impatient de retourner à Poudlard, quand Dobby, un elfe domestique, fait irruption dans sa chambre *moldue* pour le dissuader de revenir à l'école, où il est « *en grand danger* » selon lui. Dobby se fait remarquer auprès de la famille Dursley et provoque la colère de l'oncle Vernon, qui interdit à Harry de retourner à Poudlard. Avec l'aide de Ron et de la Ford Anglia volante de son père, il rejoindra finalement son école, où il devra percer le mystère de la chambre des secrets dans laquelle un monstre pétrifie quiconque l'approche. « *Dans le deuxième film, la nouvelle maison et la nouvelle famille d'Harry sont en danger, et il doit les sauver. Il est aux commandes, contrairement au premier film* », analyse David Heyman.

Toute l'équipe se sent plus à l'aise sur ce tournage. « *Nous nous sommes bien plus amusés* », commente Columbus à la BBC. « *J'étais très confiant cette fois-ci, et je sais que les jeunes acteurs aussi, cela se voit dans leur performance. Nous avons pu improviser, ce qui était impossible sur le premier.* » Daniel et ses camarades sont de plus en plus rapides et efficaces. Une scène qui leur demandait huit ou neuf prises sur le premier tournage sera cette fois-ci bouclée en deux ou trois prises seulement. « *Ils ont eu 150 jours sur le premier film pour apprendre les ficelles* », explique Columbus. Pendant qu'Harry Potter découvrait le monde merveilleux de Poudlard, Daniel Radcliffe apprenait les codes du cinéma. Comme son héros, le jeune acteur sort du lot et prend confiance en lui dès la deuxième année. Il est de nouveau confronté à des personnages créés sur ordinateur, et le challenge est encore plus ardu. Dans le premier film, Harry n'a que peu d'interactions avec les fantômes, mais dans « La chambre des secrets », Daniel doit donner la réplique à Dobby, l'elfe de maison hystérique et masochiste. « *C'était très difficile de jouer ces scènes, car je ne voyais pas quelle tête faisait Dobby, quelles étaient les expressions de son visage* », commente-t-il sur hollywood.com. Autre scène ardue à tourner : le combat contre le Basilic, un serpent géant emprisonné dans la chambre des secrets. « *C'était très difficile parce qu'à chaque fois je cassais ses dents, et les techniciens passaient des heures à les réparer* », explique-t-il au « Toronto Sun ». Harry entend des voix dans le château, que ses amis n'entendent pas. Lorsqu'il découvre qu'il comprend et parle la langue des serpents, la *Fourchelangue*, parlée de très peu de sorciers dont Voldemort, il n'ose même pas faire part de ses doutes à Dumbledore. « *Harry est perturbé car il connaît la solitude pour la première fois à Poudlard* », analyse Daniel Radcliffe.

Un mois seulement avant la sortie du film, le 25 octobre 2002, Richard Harris, l'interprète de Dumbledore, meurt des suites de la maladie de Hodgkin. « *C'était terrible* », se souvient Daniel, « *Mais je pense que Richard aurait voulu que l'on soit heureux et que l'on se souvienne de toutes les fois où il nous a fait sourire ou rire* ». Richard Harris sera remplacé par Michael Gambon (« Gosford Park », « Sleepy Hollow », « La vie aquatique ») dans le troisième volet des aventures du petit sorcier. Comme « L'école des sorciers », « La chambre des secrets » est accueilli tièdement par la critique. Les mêmes reproches fusent à l'encontre de Columbus, accusé comme pour le premier film, de s'en tenir scolairement au bouquin. « *L'esprit exigeant de J.K. Rowling inhibe ce film comme il l'avait fait pour le premier* », constate le « New York Times ». « *Dans l'une des dernière scènes, Albus Dumbledore fait remarquer à Harry et Ron qu'ils ont transgressé au moins une douzaine d'articles du règlement de leur école, et leur attribue un prix pour service rendu à l'institution. Jusqu'à ce que les réalisateurs retiennent cette leçon et se montrent prêts à prendre des risques, nous ne leur donnerons aucune médaille* ». Mais globalement, les critiques apprécient le rythme effréné de ce volet. Florence Colombani, dans « Le Monde », le reconnaît : « *Chris Columbus gage à raison que le public connaît déjà le monde de Harry et ne se perd pas en présentations inutiles. Le résultat est un divertissement de belle facture. On saluera avant tout le travail des producteurs, puisque le soin apporté aux décors, aux effets spéciaux et au casting explique la réussite de l'ensemble bien plus que le trait un peu lourd du réalisateur, qui commit jadis 'Madame Doubtfire'.* » Brigitte Baudin, dans le « Figaroscope », apprécie une « *action plus musclée que dans le premier épisode. Plus sombre aussi. Les effets spéciaux sont plus spectaculaires.* » Le jeu plus abouti de Daniel Radcliffe, qui fait « *un Harry très crédible* » selon « Le Monde », est salué à plusieurs reprises. « Zurban » remarque que « *nos sympathiques héros ont grandi et jouent à présent plutôt mieux* ». La presse anglophone, elle, ne manque pas de remarquer que la voix de Daniel Radcliffe a changé « n*on pour parler la 'Fourchelangue', mais la langue maladroite de l'adolescence* ».

A la sortie du film en novembre 2002, l'excitation est à son comble. Daniel Radcliffe voit son degré de célébrité monter d'un cran. Toujours aussi positif, il déclare à l'AFP : « *Les gens me reconnaissent et m'arrêtent dans la rue, mais ça me va. C'est fantastique d'entendre ce qu'ils ont à dire sur le film.* » L'AFP s'amuse du désarroi des jeunes acteurs face à certaines questions : « *Un journaliste japonais leur demande alors si, à leurs avis, ils sont maintenant devenus des 'sex-symbols juniors'. Emma, interdite, fait signe à Daniel de répondre : 'Je suis flatté par le courrier que je reçois', dit-il. 'Mais je n'ai pas de petite amie ou quoi que ce soit.'* » Rupert Grint plaisante : « *Mes amis ont été extraordinaires. Ce sont les enseignants qui posent problème : ils ont tendance à faire un peu trop de lèche* ».

Une annonce éclipse presque la sortie de « La chambre des secrets » : Chris Columbus déclare qu'il passe la main à Alfonso Cuaron, un réalisateur mexicain, pour le troisième opus, « Harry Potter et le prisonnier d'Azkaban ». « *Fort du succès du premier, nous avons immédiatement embrayé sur le second. Cela a pris plus de deux ans de ma vie. Deux ans loin des Etats-Unis, de ma femme et de mes quatre enfants. A quarante-quatre ans, j'ai envie aujourd'hui de profiter davantage de ma famille. L'aventure a été passionnante. Je ne la regrette pas. Mais je passe le relais* ».

Alfonso Cuaron a notamment réalisé la comédie adolescente « Et... ta mère aussi ! » et la fable poétique « La petite princesse ». Pour Columbus, il sera parfait pour « Le prisonnier d'Azkaban », plus sombre et dur que les deux

précédents. « *Personne ne veut d'une situation à la Oliver Stone où les gens jettent les caméras par terre et hurlent. Les enfants ont besoin de confort et de soutien* », confie-t-il au « Washington Times ». Cuaron accepte le défi, même s'il avoue n'avoir jamais lu une seule ligne des romans de Rowling ni vu un seul des films. « *Je me suis plongé dans son œuvre avec émerveillement. Je l'ai rencontré très tôt et elle m'a encouragé à ne pas faire une adaptation littérale, tout en restant fidèle à l'esprit du livre* ».
Daniel fait confiance à Cuaron mais se dit rassuré que « *Chris reste dans le coin* ». Columbus gardera en effet un œil sur « Harry Potter » en tant que producteur. Le petit garçon de Fulham sait ce qu'il doit au réalisateur de « Maman, j'ai raté l'avion ». « *Chris est celui qui m'a donné l'amour du cinéma et je lui en serai éternellement reconnaissant. Je n'avais que onze ans, et il m'a parlé de ses films de chevet - dont le premier de tous, « Le Parrain » - tout en me conseillant de les regarder plus tard pour en profiter pleinement* », raconte-t-il à « Studio Magazine » en 2007. Sous son impulsion, Daniel découvre « Le Voleur de bicyclette » de Vittorio de Sica, aujourd'hui son film préféré. « *Sur le tournage, j'ai adoré travailler sous la direction de Chris.* (...) *Ce cinéphile nous dirigeait à l'aide de références de films comme « La grande évasion ». Cela rendait le travail ludique et m'a aidé à trouver le personnage* ».
Révélé par Chris Columbus, c'est avec Alfonso Cuaron que Daniel trouve vraiment sa voie. A quatorze ans, il aborde l'adolescence avec Harry et, comme son héros, cherche son identité. Pour la première fois de sa carrière, Daniel a le temps de préparer son personnage en amont. Alfonso Cuaron donne à ses jeunes acteurs des *devoirs* pour préparer

Promo du film « Harry Potter
l'école des sorciers »
oût 2000

Photo du film « Harry Potte
à l'école des sorciers
novembre 200

romo du film « Harry Potter
t la chambre des secrets »
ovembre 2002

Gallo / Retna US / Starface

Photo du film « Harry Pott
et le prisonnier d'Azkaban
mai 20(

*Première de « Harry Potter
et le prisonnier d'Azkaban » à New York
23 mai 2004*

© Floria Rocco / Visual

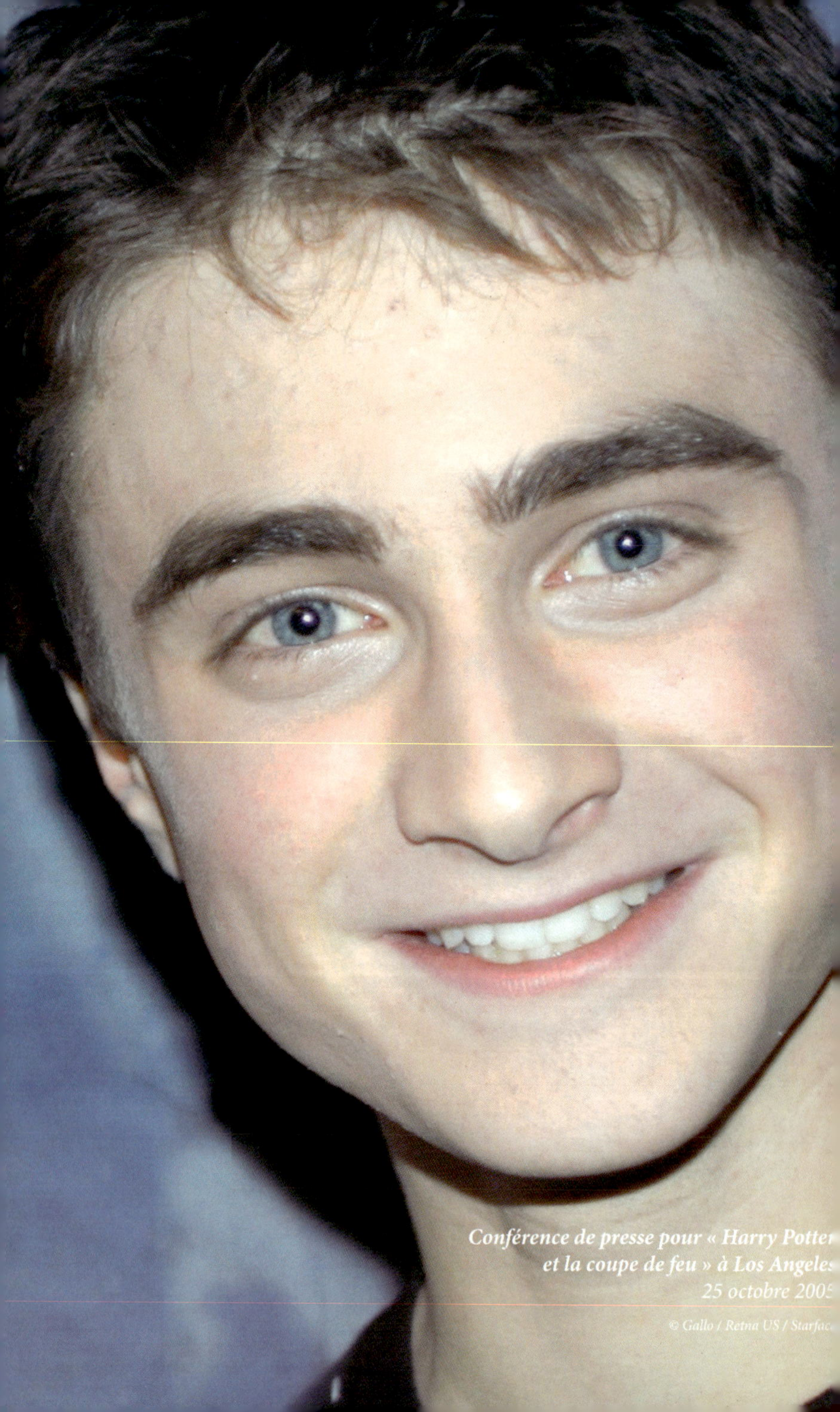

Conférence de presse pour « Harry Potter et la coupe de feu » à Los Angeles
25 octobre 2005

Photo du film « Harry Potter et la coupe de feu »
novembre 2005

Première de « *Harry Potter* et la coupe de feu » à Londres
6 novembre 2005

Première de « Harry Potter et la coupe de feu » à Paris
5 novembre 2005

Promo de « Harry Potter et la coupe de feu » à Paris
8 novembre 2005

L'Oréal Paris AFI Awards à Melbourne
7 décembre 2006

© Teuma / Snapper Media / Sipa

« Equus » au Gielgud
Theatre de Londres
22 février 2007

« Equus » au Gielgud
Theatre de Londres
22 février 2007

STR Theatre
Book Prize à Londres
12 avril 2007

Conférence de presse pour
« Harry Potter et l'Ordre du Phénix » à Londres
24 juin 2007

Photo du film « Harry Potte
et l'Ordre du Phénix »
juillet 200

le tournage. Il demande à chacun de rédiger une dissertation en se mettant dans la peau de son personnage. Tandis qu'Emma pond onze pages sur Hermione, Daniel résume Harry en une seule page, et Rupert n'écrira jamais sa dissertation, comme Ron aurait pu le faire…

Le tournage du « Prisonnier d'Azkaban » débute en février 2002. Dans cet épisode, Harry est un adolescent rebelle, animé par une haine violente envers les adultes, en particulier son oncle et sa tante. Révolté par les propos de la tante Marge qui traite son père d' « *ivrogne* » et sa mère de « *dégénérée* », Harry s'enfuit de Privet Drive par le Magicobus. Avant même son retour à Poudlard, il apprend par le père de Ron qu'un dangereux prisonnier échappé d'Azkaban, Sirius Black, cherche à le tuer. Pour protéger l'école de Sirius, les *Détraqueurs*, horribles matons d'Azkaban, rodent autour de Poudlard. En essayant de détourner leur attention, Harry, Ron et Hermione cherchent Sirius autour du château, persuadés qu'il est responsable du massacre des parents d'Harry. Dans une interview publiée sur le site internet de Scholastic, l'éditeur américain des « Harry Potter », Daniel Radcliffe explique que cet épisode marque un tournant dans la série : « *Tandis que dans les deux premiers livres, Harry doit affronter des défis physiques comme le basilique, le troisième s'intéresse plus à l'émotion. C'est beaucoup plus intense en termes de sentiments* (…) *Ce que j'aime particulièrement dans ce livre, c'est le détail avec lequel sont décrites les émotions et le doute, tout en s'adressant à un public très large* ». En faisant connaissance avec Remus Lupin puis Sirius Black, deux anciens amis de son père, Harry en apprend plus sur son passé, alors qu'il pensait déjà tout savoir. Daniel est très inspiré par cette intrigue,

et travaille énormément, ce qu'Alfonso Cuaron admire. « *Daniel Radcliffe est épatant. Il a une imagination visuelle incroyable et comprend tellement bien les règles. (...) J'ai eu les trois gamins (Daniel, Rupert et Emma) au bon moment. Ils avaient déjà deux gros films dans les pattes, ils n'avaient donc aucun problème avec l'environnement technique, et à treize ans, ils étaient à un âge où l'on peut commencer à leur parler sérieusement, en tant qu'acteurs, et où ils avaient envie d'apprendre et de s'améliorer* », raconte le réalisateur mexicain au « Philippine Daily Inquirer ». Cuaron remercie aussi les enfants d'avoir su dépasser leurs limites et de s'être donnés corps et âme pendant le tournage : « *Auparavant il arrivait souvent qu'ils interrompent une prise parce qu'ils ne se rappelaient plus de leur texte. Cette fois, ils étaient plus grands, plus concentrés.* » Robbie Coltrane, qui a assisté à la naissance du trio, est lui aussi sidéré de leur évolution. Il raconte à « 7extra », un magazine belge : « *Sur le premier tournage, ils étaient encore des enfants. Les garçons ne pouvaient s'arrêter de jouer ! Tout cela s'est subitement arrêté lorsque nous nous sommes tous retrouvés pour le troisième film. Ils sont plus mûrs, plus calmes. Ils mettent du gel dans leurs cheveux ! C'est assez drôle.* »
Daniel Radcliffe, qui entretenait une relation privilégiée avec Columbus, sait reconnaître les talents de Cuaron, notamment lorsqu'il s'éloigne du livre. Par exemple, petite touche personnelle du réalisateur mexicain : les *Détraqueurs* provoquent un refroidissement climatique accompagné de vents et de pluies lorsqu'ils apparaissent, ce qui donne lieu à un match de *Quidditch* particulièrement épique. « *C'était une idée brillante !* », s'exclame Daniel dans une interview à l'hebdomadaire américain « Newsweek ». « *C'est une très*

grande scène d'action lorsque les chutes de pluie se transforment en glace et commencent à couper le visage d'Harry. Lorsque nous filmions, ils [les techniciens] *me balançaient de l'eau à la figure avant chaque prise. Ils la réchauffaient, ce qui, j'aime à le penser, prouve qu'ils m'aiment bien !* ». Cuaron est impressionné par Daniel, qu'il qualifie d' « *éponge* » pour sa qualité à absorber les connaissances et les conseils. « *Il est très intelligent, il veut tout apprendre et tout dévorer, mais il aussi très généreux et gentil. Sans parler de son sens de l'humour* », dévoile-t-il au « Washington Post ». « *Il était très inquiet pour une scène où il devait pleurer* », révèle le réalisateur à « The Book LA », « *Alors nous avons travaillé cette scène très sérieusement. J'ai commencé à lui poser des questions auxquelles il devait répondre en hurlant, et quand il atteignait une intensité suffisante nous amenions la caméra et les larmes venaient tout de suite. Je me suis dit, « Mon dieu, si nous devons faire tout ce travail sur chaque scène d'émotion… ». Mais non. La fois d'après, j'ai vu Daniel dans son coin, parlant tout seul* ». Pour parvenir à s'approprier les sentiments violents éprouvés par Harry, Daniel s'est préparé en écoutant de la musique punk comme les Sex Pistols. Cuaron raconte aussi qu'il a demandé à Daniel de regarder « Les 400 coups » de François Truffaut pour travailler son personnage. « *Il y a un certain aspect de Harry, comme le héros de Truffaut, qui est angoissé et en colère. Steve Kloves et moi nous sommes laissés emporter par cette ressemblance quand nous filmions, et je me rappelle avoir dit à Steve : « Peut-être que nous sommes trop sombres ». Daniel était décidé à aller dans cette direction, il y était même trop décidé. Parfois nous devions le calmer un peu et lui rappeler qu'Harry est un garçon sympa de treize ans. La montagne de douleur qu'il mettait dans certaines scènes était presque dangereuse.* » Trop zélé ou rattrapé par les angoisses de son personnage, Daniel manque s'évanouir lors du tournage de la scène où Harry aide Sirius Black à combattre un *Détraqueur.* « *Parfois j'oublie de respirer* », s'excuse-t-il.

« Le prisonnier d'Azkaban » s'avère être un film décisif pour Daniel, qui y trouve non seulement sa vocation de comédien mais y rencontre aussi son idole, Gary Oldman. Cet acteur brillant, à la carrière hors norme, dit avoir accepté le rôle pour ses enfants, et ne boude pas son plaisir. « *J'ai lu tous les romans de « Harry Potter » à mes enfants, j'ai découvert cet univers à travers leur regard. Je suis ravi aujourd'hui de faire partie de cet incroyable phénomène, surtout qu'enfant, j'étais fasciné par la magie. Grâce à Sirius Black, je rentre dans la légende du cinéma. Je deviens un classique ! Moi qui ai toujours détesté l'école, je suis devenu la star de la cour de récréation de mes gamins !* ». Daniel voue une admiration sans borne à l'interprète du lugubre « Dracula » de Coppola : « *C'est le meilleur acteur de sa génération* », clame-t-il dans une interview à « Today ». « *C'était très étrange pour moi de le rencontrer, car je suis fan de tous ses films ! C'était surréaliste...* ». Réciproquement, Oldman se prend très vite d'affection pour l'ado star : « *J'adore Dan. C'est le gamin le plus sympa de la terre* », déclare-t-il à « The Book LA ».

« Harry Potter et le prisonnier d'Azkaban » se démarque brutalement de ses prédécesseurs. Sans détours ni prudence, Alfonso Cuaron se sépare de l'influence Disney-Dickens de Columbus pour installer dans les mêmes décors, avec les mêmes personnages, un récit aux accents gothiques et romantiques. Le spectateur est prévenu de ce chamboulement dès le générique. Le thème de John Williams est ralenti, accompagné de bruitages inquiétants, grincements de portes ou cris d'oiseaux. Lorsque Harry s'enfuit dans les rues sombres de Little Whinging pour échapper à sa famille *moldue*, il quitte définitivement l'enfance. Même quand le monde des sorciers vient à sa rescousse via le *Magicobus*, c'est pour l'embarquer dans un voyage dangereux et angoissant. La lumière jaune du bus, sa vitesse folle, la tête réduite parlante et ricanante qui lui sert de GPS, semblent tout droit sorties d'un mauvais rêve d'ivrogne... Cuaron affectionne les plans serrés et les travellings bringuebalants. Du côté des effets spéciaux, les *Détraqueurs*, ces gardiens d'Azkaban qui aspirent les souvenirs heureux de leur proie pour ne leur laisser que l'angoisse et la haine, sont particulièrement réussis. Leur présence provoque chez Ron l'impression désagréable qu'il va « *perdre à tout jamais l'envie de rire* ».

L'audace de Cuaron est pleinement récompensée par les critiques. « Les Cahiers du cinéma » sont emballés : « *Après deux épisodes signés du fade Chris Columbus, la saga Harry Potter se pare aujourd'hui d'un cinéaste, le mexicain Alfonso Cuaron. Une véritable réussite.* ». Même son de cloche au « Nouvel observateur » : « *Le troisième volet des aventures du sorcier en herbe s'impose comme nettement supérieur aux deux précédents. (...) Comme le héros, la licence mûrit et s'épanouit. Notre plaisir avec* ». « Le Monde » remarque l'inventivité du réalisateur : « *Pour la première fois, un film de la série donne le sentiment de prendre l'univers de « Harry Potter » pour ce qu'il est : une réinvention ludique, créative, éclairante de notre monde, et non la description sans conséquence d'un univers parallèle, peuplé d'amusantes créatures féeriques* ». Le magazine « Première » se félicite des risques pris : « *Alfonso Cuaron et son scénariste ont multiplié les impasses et les raccourcis. Décision judicieuse puisqu'ils leur permettent de mettre l'accent sur l'intensité dramatique de l'histoire en évitant les scories qui parasitaient les deux premiers* ». Tandis que « Libération » les déplore : « *On ressort du film, sonné et gavé, après deux heures et demie. Au point qu'on se demande si les concepteurs de cette version filmée n'ont pas perdu de vue les ressorts des romans, rien moins que simplement narratifs* ». Les progrès de Daniel Radcliffe sont salués par presque tous les journaux : « *Dans la confrontation avec Gary Oldman, remarquable, Daniel Radcliffe révèle une présence et une subtilité inédites* », écrit Florence Colombani dans « Le Monde ».

A la sortie du film, en juin 2004, Daniel fait pourtant planer le doute sur sa participation à « Harry Potter et l'ordre du Phénix », le tome 5 de la série. « Le Figaro » s'en émeut : « *'Ce qui doit arriver arrivera', lance-t-il* [Daniel Radcliffe] *fataliste, envisageant de ne plus incarner Harry. Si cela devait arriver, il faudra que je m'y prépare. Je ne vais pas mentir et dire que cela sera simple de voir quelqu'un d'autre dans le rôle, après l'avoir interprété à quatre reprises.* » David Heyman, le producteur, laisse également la porte ouverte à toutes les suppositions : « *Daniel est libre de ses choix. S'il veut continuer à incarner Harry, personne ne s'y oppose* ». Daniel est également l'auteur de prédictions funestes pour Harry, reprises dans toute la presse. Le « Daily Telegraph » de Sydney rapporte ses propos : « *Je pense que ce que je vais dire sera très impopulaire, mais j'ai toujours pensé qu'avec tout ce qui arrive à Harry, il va mourir. (...) J'ai cette théorie, car les vies d'Harry et de Voldemort sont liées, donc je pense que Voldemort ne peut mourir que si Harry meurt.* » Une théorie partagée par de nombreux fans, mais qui choque lorsque Harry Potter *lui-même* ose l'énoncer. Daniel regrettera cette déclaration qui lui vaudra des titres racoleurs dans les journaux comme « *Radcliffe veut qu'Harry Potter meurt* ». Il expliquera à plusieurs reprises qu'il n'a jamais souhaité une fin tragique pour son héro favori, mais qu'il a simplement répondu aux journalistes qui lui demandaient comment l'histoire allait s'achever. En attendant, « Harry Potter et la Coupe de feu », l'épisode 4 de la série, est déjà sur les rails. Avec, cette fois encore, un nouveau réalisateur…

Bienvenue dans l'âge ingrat

C'est Mike Newell, le réalisateur du cultissime « Quatre mariages et un enterrement », mais également du film de mafia « Donnie Brasco », qui décroche HP4, « Harry Potter et la coupe de feu ». « *Notre choix s'est porté sur Mike Newell pour plusieurs raisons* », explique David Heyman au quotidien « Le Figaro », « *Il est britannique, il a le sens de l'humour et il est aussi doué pour la comédie que pour le thriller. Et c'est cette note-là, plus noire, qui marque le quatrième volume* ». A soixante et un ans, Newell est le premier britannique à diriger un « Harry Potter », et le projet l'enthousiasme fortement, comme il le confie au « Guardian » : « *Je suis impatient de réaliser ce film ! Le public est devenu plus familier des livres et des films, c'est donc un véritable défi de continuer à développer chacun de ses personnages et de les rendre réels* ».

Des rumeurs courent sur la possibilité de scinder le roman « La coupe de feu » en deux long-métrages, tant le livre est épais (636 pages dans sa version originale !). Elles seront vite dissipées. Le film durera 2h35, mais sera d'un seul bloc. Ce quatrième volet est dense et intense, riche en action et en émotion. Il s'ouvre sur la Coupe du monde de *Quidditch* que Newell transformera en grand spectacle pyrotechnique dans un stade fortement inspiré du Stade de France dans son architecture céleste et épurée. Mais à peine le premier match terminé, alors que la *Bière-au-beurre* coule à flots pour célébrer la victoire de l'équipe bulgare et de son champion Viktor Krum, apparaissent les premières *Marques* des ténèbres, annonciatrices du retour de Voldemort. Harry n'a pas le temps de s'interroger sur ces signes, pas plus que sur les rêves étranges qu'il fait chaque nuit à propos du Seigneur Noir. A peine arrivé à Poudlard, il est propulsé malgré lui dans le Tournoi des Trois Sorciers, terrible compétition internationale faisant chaque année de malheureuses victimes parmi ses jeunes participants. Très vite aussi, Harry découvre de nouveaux sentiments, comme la jalousie qu'entretient Ron à son égard, ou l'amour naissant qu'il voue à Cho Chang, élève craquante de son école.

Mike Newell réussit à merveille à jongler entre le film d'aventures et la comédie romantique. Cuaron abordait l'adolescence, Newell y entre tout entier. Dès les premiers plans, l'âge ingrat est incarné par les coupes Beatles de Ron et Harry, leur démarche nonchalante, leur regard morne et apathique et leurs voix cassées. Un choix réussi, mais qui a valu à ce film de nombreuses moqueries de chroniqueurs anglais, surnommant le film « Harry Potter et le chaudron de Biactol ». Plus violente que les *Mangemorts*, une déferlante d'hormones envahit Poudlard. La sérieuse Hermione n'y est pas insensible, puisqu'elle se laisse séduire par Viktor Krum, « *meilleur attrapeur du monde* », beau brun musclé et rustre. Daniel garde un souvenir très vivace de la scène du bal de Noël, qu'il confie à « Première » : « *Ça a été un enfer ! Comme vous l'avez remarqué* (…), *on ne voit jamais mes pieds. C'est normal. Nous avons inventé une danse spéciale, filmée au-dessus de la taille. Un nouveau concept. Franchement, sur ce coup-là, ils m'ont tout fait. Les autres ont eu trois semaines pour répéter. Moi, pendant ce temps, je participais à une scène très importante avec Brendan Gleeson* (Maugrey Fol-Œil). *On ne m'a laissé en tout et pour tout que trois heures pour m'entraîner. Je pouvais faire illusion cinq ou six pas, mais après, ça devenait carrément léger. Ou un peu lourdingue… Autre handicap de taille, la fille avec qui je danse, Shefali Chowdhury* (Parvati), *est super mais beaucoup plus petite qu'Afshan Azad* (Padma) *dont elle est supposée être la sœur jumelle. Elle porte donc en permanence des chaussures à plate-forme de dix centimètres. Je vous résume la situation : un pauvre type qui manque totalement de préparation, de coordination et de rythme, flanqué d'une cavalière montée sur échasses.* »

La scène du bal de Noël reprend brillamment à la sauce magique tous les ingrédients du bal de promo américain, avec choix de cavalière obligatoire. Harry et Ron, éconduits par Cho Chang et Fleur Delacour, se rabattent sans enthousiasme sur les jumelles Padma et Parvati. « *Harry et Ron sont les pires rendez-vous qui puissent exister. Ils sont affreux. Tout le monde détesterait aller au bal avec eux* », s'amuse Daniel Radcliffe. Grands perdants du bal, ils regardent d'un œil mort la magnifique Hermione tourbillonnant dans les bras de son Krum, au grand dam de Ron qui commence à trouver son amie de toujours attirante… Le formidable trio menace d'éclater, non en raison de quelque magie noire, mais plutôt des sortilèges de l'amour adolescent. Hermione, plus mûre que les deux autres, s'en inquiète. « *Tout va changer maintenant, n'est-ce pas ?* », demande-t-elle à Harry, qui lui répond, l'air grave, que oui.

Dans « La coupe de feu », Harry découvre l'univers féminin

avec autant d'effroi que de stress, et Daniel, quinze ans, en fait autant. Dans les interviews, l'ado confie que les filles sont « *sa plus grande source d'inquiétude* ». Ainsi dans « Le Figaro » : « *Il m'est toujours un peu difficile d'engager la conversation avec les filles. En ce sens, je ressemble à Harry qui n'hésite pas à combattre les dragons, mais qui a un comportement pathétique avec la gent féminine. Et pour moi, c'est le meilleur côté d'Harry* ». Mike Newell introduit aussi dans ce volet un personnage insupportable mais hilarant, celui de la journaliste Rita Skeeter, grand reporter de « La Gazette du sorcier ». A l'aide de sa *plume à papote*, l'horripilante Rita n'hésite pas à gribouiller que « *les yeux d'Harry luisent des fantômes de son passé* ». Collée aux basques du petit sorcier, elle réussit à prendre une photo d'Hermione pendue à son cou avant la première tâche du tournoi pour la faire paraître dans son journal. Deux jours après, la journaliste continue de s'épancher : « *Miss Granger, une fille banale mais ambitieuse, semble avoir développé un goût pour les sorciers célèbres. Sa dernière proie, selon nos sources, n'est nul autre que le bulgare aux beaux muscles Viktor Krum. On ne sait pas encore comment Harry Potter réagit à ce nouveau désastre amoureux.* »

Cet épisode est certainement le plus drôle de la série. « *Je me suis parfois vraiment marré* », raconte Daniel à « Première ». « *Je me souviens de cette séquence où, en cours avec le professeur Rogue, notre unique préoccupation à Ron et à moi est de passer en revue les filles qui pourraient faire une cavalière acceptable au bal de l'école. On s'échange des bons plans, Rogue nous surprend régulièrement et, à chaque fois, nous claque l'arrière de la tête avec son livre. C'est simple mais très efficace comme comique de situation* ». Daniel ne fait pas que s'amuser sur ce tournage, il apprend, toujours plus. Et s'inspire d'un nouveau grand du cinéma invité au casting d'Harry Potter : Ralph Fiennes. Daniel est ravi que Lord Voldemort soit incarné par la star de « Constant Gardener » et du « Patient anglais ». Mais l'arrivée d'un Voldemort *humain* et non numérique soulève de nombreux débats dans les studios. « *Mike Newell a évoqué l'idée de placer des prothèses et du maquillage sur le visage de Ralph, mais celui-ci y était fermement opposé* », raconte-t-il à « USA Today ». « *Son argument était que ce serait encore plus effrayant si les gens pouvaient voir l'humain derrière Voldemort. Et je pense que c'est vrai.* » « La Coupe de feu » est quasiment aussi éprouvante pour Daniel que le tournoi des trois sorciers pour Harry. Le plus difficile ? Rester sous l'eau les yeux ouverts pendant la deuxième tâche du tournoi, où Harry doit poursuivre des sirènes dans un lac gelé. Daniel a tellement mal aux yeux que Newell ne peut le filmer plus de quinze secondes d'affilée. « *Mais à part cela et les infections aux oreilles, c'était fantastique !* », raconte Daniel à « USA Today ».

Le film cartonne au cinéma, battant les deux derniers opus pour arriver à la cheville du premier. Les critiques sont enchantées de ce nouvel opus, pour beaucoup « *le plus abouti* ». Le « Figaroscope » adore : « *Mike Newell relève haut la main le défi 'potterien'. (...) Quant aux jeunes acteurs, ils ont gagné en maturité de jeu. Une belle réussite.* » « Ouest France » salue également le réalisateur britannique : « *Autour de personnages dont, privilège de l'âge grandissant, la richesse humaine et psychologique est plus fouillée, Mike Newell compose dans « La coupe de feu » un bouillant spectacle d'aventure et de suspense.* » « *Entre campus movie et film d'horreur gothique, Mike Newell panache habilement le spectaculaire, l'humour et le frisson. Vivement la suite !* », note « TéléCinéObs ». « Les Inrocks » regrettent quant à eux « *les inventions et le style glacé d'Alfonso Cuaron* », tandis que « Libération » déteste : « *La gêne et la crétinerie constitutives d'Harry Potter IV sont répugnantes sans contrepartie* ».

Après « La Coupe de feu » et ses 892 millions de dollars de recettes mondiales (soit un score au box-office quasiment équivalent à celui du premier film), Daniel devient une personnalité incontournable au Royaume-Uni. A seize ans, il est la plus jeune personne *non royale* à avoir son portrait individuel à la National Portrait Gallery. L'artiste Stuart Pearson Wright avait fait poser l'ado star sur les tournages, entre deux prises. Le moins que l'on puisse dire, c'est que le dessin au fusain de Pearson Wright n'est pas très ressemblant... Impossible de reconnaître Daniel. L'artiste avoue au « Guardian » que ce n'était « *pas son meilleur dessin* », en expliquant qu'il avait éprouvé des difficultés à représenter un homme si jeune et innocent, « *dépourvu de tout cynisme* ». « *Je préfère dessiner des hommes vieux et bourrus* », a-t-il ajouté.
Mais Daniel accorde peu d'importance à ces à-cotés. Il est impatient de tourner HP5, « L'ordre du Phénix ».

Harry entre cette fois-ci dans le monde adulte. Alors qu'il vient de perdre son ami Cedric Diggory, assassiné par Voldemort, la plupart des sorciers ne croient pas au retour du mage noir. Afin de ne pas affoler les citoyens, le Ministère de la magie leur cache la terrible vérité et envoie à Poudlard comme nouvelle professeur de défense contre les forces du mal Dolores Ombrage, sorte de *Mamie Nova* rose et kitsch masquant une poigne de fer et des méthodes éducatives brutales et avilissantes, qui transformera Poudlard en un lieu dangereux. Dans ce contexte, Harry découvre l'Ordre du phoenix, organisation secrète à laquelle appartient Sirius Black pour lutter contre Voldemort. Alors que les élèves de Poudlard le traitent de menteur et que Dumbledore le fuit sans raison, Harry crée un mouvement de résistance, l'Armée de Dumbledore, pour défendre la place du directeur et l'intégrité de l'école.

Un nouveau scénariste remplace Steve Kloves, Michael Goldenberg. Pour réaliser ce film plus adulte et plus politique que les précédents, la production choisit David Yates, réalisateur britannique de brillants documentaires comme « Sex traffic ». « *Le film parle de rébellion juvénile, tout en jetant un regard compréhensif sur les limites et les carences des adultes.* », commente-t-il dans le dossier de presse de la Warner. « *L'intrigue repose en grande partie sur l'évolution d'Harry. Elle illustre son passage à l'âge adulte et l'émergence d'une vision plus nuancée de la réalité. Harry comprend ainsi pour la première fois que les adultes qu'il idéalisait sont plus faillibles, plus humains qu'il ne pensait.* » Daniel Radcliffe a aimé interpréter un Harry moins fort, moins équilibré : « *Il se complait dans la solitude, il joue sans doute un peu au martyr, mais ses défauts contribuent à le rendre plus humain, plus attachant. Harry est un pur, et c'est aussi quelqu'un qui doute profondément de lui-même.* » Dans toutes ses interviews, Daniel défend la colère d'Harry dans le cinquième volet en invoquant le maître : « *Beaucoup de gens ont eu du mal avec le cinquième livre, car ils n'aimaient pas le fait que Harry soit en colère, et J.K. Rowling a dit : 'Si vous n'avez pas compris la colère d'Harry dans le cinquième livre, c'est que vous n'avez pas non plus compris Harry dans les quatre livres précédents. Car si c'était le cas, vous verriez qu'il a le droit d'être en colère'* ».

Pour préparer ce film, Daniel Radcliffe a consulté un psychiatre « *Je voulais comprendre l'état émotionnel dans lequel Harry se trouve* », raconte-t-il au « Journal du dimanche ». « *Ça m'a aidé à cerner la culpabilité que ressent toute personne victime du 'syndrome du survivant'. Il faut qu'il dirige sa colère contre quelqu'un pour dépasser le choc du traumatisme* [de l'assasinat de Cedric Diggory], *se défouler et accepter la mort* ». David Yates est conscient des efforts de Daniel et sait les reconnaître : « *Dan possède, entre autres qualités, un courage et une détermination sans failles. Après chaque prise, je pouvais lire dans ses yeux cette détermination inflexible à faire encore mieux à la prochaine, à donner le meilleur de lui-même.* » Daniel adore travailler avec David Yates, un homme calme mais décidé : « *C'est un homme charmant, il n'élève jamais la voix, mais qui m'a mis à contribution comme nul autre à ce jour. Cela tenait autant à la nature de l'histoire qu'à son style de mise en scène. David ne s'est jamais satisfait de demi-mesures, il m'a toujours demandé d'aller plus loin, de creuser davantage le personnage. Exactement ce dont j'avais besoin. C'est un réalisateur brillant.* » Son préféré peut-être ? Celui, en tous cas, qui dirigera le premier baiser d'Harry Potter. Une scène tant attendue que les deux protagonistes, Daniel et Katie Leung (dans le rôle de Cho Chang) sont très nerveux au moment de passer à l'action. « *La nervosité de Katie renforçait ma propre nervosité* », confie Daniel. « *Pas seulement à cause de ce baiser, mais parce que Cho et Harry ont une relation assez compliquée. Mais, après deux ou trois prises, nous avons trouvé nos marques et tout a été très cool* ». Daniel compare finalement ces prises à n'importe quelle autre scène « *car c'est tellement clinique qu'il n'y a rien de sexy ou de romantique* ». Il aura quand même fallu seize prises pour ces quelques secondes de baiser tendre mais aussi très sensuel. D'après « Le Figaro », le premier baiser de Daniel, lui, remonte à ses quatorze ans. Une expérience confirmée par le témoignage de Katie Leung dans le « Telegraph » qui affirme que Daniel « *embrasse bien* ». « *C'est assez étrange quand vous vous concentrez sur votre baiser et qu'un caméraman tourne autour de vous* », décrit-elle.

Pour la première fois depuis le début de la saga, aucune scène de *Quidditch*. Un soulagement pour Daniel « *Je n'étais pas vraiment déçu* », confie-t-il au Leaky Cauldron, un site de fan, « *car le Quidditch est quelque chose de très, très pénible à filmer. Ainsi, chaque fois que je lisais un nouveau tome et qu'Harry était exclu de l'équipe ou que le match était annulé, j'étais super heureux !* ». Daniel raconte dans le show télévisé de Jonathan Ross sur la BBC1 qu'il est très content de la nouvelle manière de monter sur le balai, très confortable, que David Yates a mis en place pour les scènes de vol : « *Maintenant j'ai peut-être une toute petite chance d'avoir des enfants* », plaisante-t-il.

Le film est rythmé, presque trop saccadé. Sans doute le volet le plus abouti en termes d'effets spéciaux et de grandiose, mais aussi le plus elliptique. Tome complexe et subtil, « L'Ordre du Phénix » aurait peut-être mérité plus de nuances. Ron et Hermione, en particulier, sont quasiment évincés de l'intrigue et deviennent pour la première fois des seconds rôles très *secondaires.*

Daniel, quant à lui, est enchanté du résultat, et le fait savoir : « *Je pense que c'est le meilleur de la série jusqu'à maintenant* », dit-il au « Daily Telegraph ». « *Tout le monde a fait un grand pas en avant et David Yates est phénoménal. C'est difficile à dire sans inquiéter tout le monde, mais ce film est différent des autres. Il est vraiment fantastique, c'est la première fois que je regarde l'un des films et que je me dis : 'je ne peux pas attendre pour le revoir'* ».

Les critiques sont beaucoup moins positives, déçues par une mise en scène « *en retrait* », sans émotion. « *On trouve dans ce film quelques moments impressionnants, quelques créatures fantastiques, des duels à mort, une armée clandestine, et un vol au-dessus du ciel londonien. Mais la magie – la magie du cinéma – manque.* », constate le « Hollywood Reporter ». « *Connu surtout pour ses séries télé et ses téléfilms, David Yates, qui s'attaque pour la première fois à Harry, ne brille pas par sa réalisation confuse, voire carrément incompréhensible* », écrit « La Tribune ». Impitoyable, « Les Echos » fulmine : « *L'été est déjà pourri. « Harry Potter et l'Ordre du Phénix » va-t-il le gâcher un peu plus ?* ». L'agence Associated Press est convaincue : « *Bien sûr, les effets spéciaux demeurent irréprochables avec des séquences magiques comme le survol de nuit de Londres ou les combats entre Aurors et Mangemorts dans le magnifique Hall des Prophéties, mais ce sont les dialogues et la part laissée à la psychologie des personnages qui font la force de cette aventure charnière dans l'épopée de Harry Potter* ». Daniel Radcliffe n'est pas épargné : « *Combien de temps encore Daniel Radcliffe va-t-il continuer à jouer l'apprenti-sorcier Harry Potter qu'il incarne depuis six ans ?* (…) *Sachant que l'acteur, qui ressemble de moins en moins à un adolescent, mais de plus en plus au jeune homme d'affaires le plus riche du Royaume-Uni qu'il est, va avoir dix-huit ans à la fin de ce mois de juillet et qu'il reste encore deux films à venir* (…) ».

Mais les fans apprécient plutôt cette croissance spectaculaire. En particulier les filles, qui guettent sa moindre apparition publique ou le moindre changement de look. Même le très sérieux « Newsweek » commente l'apparence de l'adolescent : « *Toutes les filles remarqueront sur les premières photos de « L'Ordre du Phénix », que Radcliffe, dix-sept ans, a de nouveau les cheveux courts après avoir les avoir laissé pousser pour le dernier film* ». « *Il faisait petit garçon avec les cheveux longs* », explique le coiffeur du film au magazine. « *Nous devons avancer en âge. Il est plus âgé maintenant, et les cheveux courts lui vont mieux* ». D'après de nombreux opticiens et enseignants britanniques, Daniel Radcliffe aurait aussi réussi à rendre les lunettes *cool*, de sorte que les rendez-vous chez l'ophtalmo pour des enfants ont explosé. Daniel ne fait rien pour casser son image de sex-symbol junior, bien au contraire. Selon « Female First », il aurait déclaré : « *Ce n'est pas un problème que des filles veulent sortir avec moi parce que je suis connu. J'ai dix-sept ans. Je m'en fiche. Evidemment, si je voulais une relation sérieuse et profonde, alors je ne voudrais pas sortir avec quelqu'un qui est avec moi seulement parce que je suis acteur, mais, si vous ne voulez pas une relation comme ça, alors c'est parfait* ». Un coureur, Harry Potter ? Pas si sûr. Dans une interview au « Daily Telegraph », il avoue son désir d'avoir une petite amie : « *J'en ai eu une il y a quelque temps, mais c'est terminé. Je suis un peu intimidé par les belles femmes, particulièrement si elles sont grandes, car je suis petit (1,68 cm). Quand je travaille six jours par semaine, je n'ai pas le temps de rencontrer beaucoup de gens. Mais vous savez, les bonnes choses arrivent à ceux qui savent attendre* ».

Malgré l'accueil tiède, voire glacial, réservé à « L'Ordre du Phénix », David Yates a déjà signé pour « Le prince de sang-mêlé », le sixième épisode, qu'il voit très *sexe, drogue et rock'n roll* et dont le tournage débute en septembre 2007. Daniel, quant à lui, a annoncé dès mars 2007 la signature d'un contrat avec la Warner pour les deux derniers films. Et ce, quelle que soit la fin de la saga.... « *Je ne voudrais jamais complètement m'éloigner d'Harry Potter. C'aurait été stupide de ma part de refuser cette offre* [pour tourner dans les deux derniers films]. *J'ai reçu le script, on m'a offert le rôle, j'ai dit oui. C'était une décision qui allait de soi.* » La Warner aurait proposé 50 millions de dollars à l'acteur pour les deux derniers films. Malgré les menaces de tristes Cassandres qui lui prédisent un avenir post-Potter pour le moins sombre, Daniel Radcliffe s'accroche à son rôle titre. Il a déjà vécu huit ans avec Harry, et devra le supporter quelques années encore.

Héros malgré lui

Veste en cuir sans manches, barbe naissante, cheveux coiffés-décoiffés et regard de braise. Lorsqu'il pose dans le magazine « Details » au printemps 2007, Daniel Radcliffe n'a plus rien du petit garçon joufflu du premier « Harry Potter ». Le magazine people « Who » ne s'y est pas trompé en le plaçant dans le top 10 des personnalités les plus sexy de l'année. Son seul complexe ? Sa taille. Ses 168 cm surprennent souvent ses fans lorsqu'ils le rencontrent. « *Pouvez-vous dire dans votre article « Dan Radcliffe est beaucoup plus grand que l'on ne pense »?* », demande-t-il en riant à un journaliste de « Time Out ». « *Ce serait très sympa !* ».

Faux timide mais vrai séducteur au charme androgyne, Daniel n'est pas dupe : il sait qu'il doit tout au petit sorcier à lunettes. Dans une interview intimiste à « Observer », il évoque ce qu'aurait pu être sa vie sans Harry : « *Pour être honnête, je pense que j'aurais eu une vie de merde.* » Tandis que les journalistes ne manquent jamais de lui demander s'il n'a pas peur d'être enfermé dans le rôle, Daniel n'a jamais douté de l'importance du petit sorcier dans sa carrière. « *Dans vingt ans, je ne serai pas du genre à me dire que j'ai fait une erreur. Ce serait stupide de ma part car j'ai passé les meilleures années de ma vie en compagnie d'Harry. Dans la rue, de plus en plus, les gens m'appellent Daniel et non plus Harry comme c'était le cas au début.* » Plus que reconnaissant, Daniel est déjà nostalgique des années HP. « *Harry va me manquer. Lorsque ce sera fini, on sera en 2010 environ, et j'ai commencé en 2000. Les films me rappelleront toujours certains personnes que j'ai rencontré ado. Ce sera intéressant de les regarder avec trente ans de recul* ». D'autant plus intéressant que le monde de Daniel, à dix-huit ans, tourne autour des studios et non du lycée comme pour les autres adolescents. « *Toutes ces années, j'ai rencontré tellement de gens, qui sont entrés et sortis de ma vie, et j'ai développé des amitiés tellement fortes. Et certaines autres amitiés, qui, avec le temps, se sont avérés ne pas du tout être fortes* », raconte-t-il au journaliste de « Observer ». « *C'est à l'adolescence que tout vous arrive, le premier amour, etc. Tout cela m'est également arrivé par « Harry Potter ». Quelque part ce sera excitant quand tout sera terminé parce que je serai libre de tout ça, et en même temps ce sera triste.* » Daniel n'a jamais eu l'impression de manquer quelque chose en n'ayant pas une enfance ordinaire. « *Qu'est ce qu'une enfance ordinaire ?* », demande-t-il à un journaliste de l'agence Associated Press. « *Je crois qu'il n'existe pas d'enfance ordinaire. J'aime faire des films. Je pense que je ne le regretterai pas parce que j'ai eu une enfance bien meilleure que beaucoup de gens. Peut-être que j'ai grandi un peu plus vite que les autres car dès l'âge de onze ans, j'ai fréquenté plus d'adultes que d'enfants.* » Il évolue avec l'équipe technique du film qui le traite d'égal à égal, ses parents et ses professeurs particuliers. Son meilleur ami, Will Steggle, costumier sur les films « Harry Potter », a vingt ans de plus que lui. Il compte parmi ses proches non seulement des personnes bien plus âgées que lui, mais aussi des personnes célèbres.

Daniel grandit à vue d'œil, physiquement et intellectuellement, mais Harry n'y est pour rien. « *Harry est fort,*

courageux, déterminé. Ce sont les aspects essentiels de sa personnalité que l'on peut percevoir à travers les romans. Mais, depuis cinq ans, j'ai beaucoup plus appris en regardant les acteurs travailler. Ils avaient tous des méthodes de jeu opposées et mon apprentissage aura été de me frotter à de grands comédiens tels que Richard Harris, Gary Oldman, que j'ai vraiment adoré, Michael Gambon, et aujourd'hui Ralph Fiennes. Ils s'engagent à fond dans leurs personnages et n'ont aucune inhibition. Ce sont eux qui m'ont libéré de mes peurs ».
Fortement influencé par ces acteurs de renom, il laisse sans regrets dans son sillage les doutes du petit garçon que sa maman présenta au casting de « David Copperfield » pour qu'il gagne confiance en lui. Lorsque le magazine « Version Femme » lui demande si, comme Harry dans « L'Ordre du Phénix », il a déjà connu de gros problèmes avec ses professeurs, il répond : « *Je n'en ferai pas la liste, mais l'un d'entre eux en particulier m'a dit quelque chose de très blessant et j'avais perdu beaucoup d'assurance à cause de lui. Mais travailler sur les « Harry Potter » m'a fait le plus grand bien. Ça m'a aidé à me construire* ».

Au fur et à mesure des tournages, Daniel développe une personnalité plus riche. Il se passionne depuis son enfance pour la musique punk, et le partage avec ses *collègues* des studios. « *Lorsque j'ai rencontré Daniel, il adorait le punk, Sid Vicious, les Sex Pistols…* », raconte le réalisateur Alfonso Cuaron. « *Je le charriais en lui disant qu'il était plus vieux que moi, qu'il était coincé dans les années 60 et qu'il ne connaissait même pas la musique de sa génération. C'est impressionnant de voir comme il a évolué, j'ai presque peur*

de lui parler à présent, car maintenant je suis celui qui ne connaît rien aux nouvelles tendances, et lui l'expert. Il vit pour la musique, n'ôte jamais son Ipod de ses oreilles, et connaît toutes les chansons de ses groupes préférés par cœur. »
Dans plusieurs interviews, Daniel laisse savoir qu'il prend des cours de basse, et qu'il se verrait bien jouer dans un groupe de rock. Mais l'exemple de son idole, Pete Doherty (ex-leader des Libertines, toxicomane notoire et petit ami de Kate Moss) l'a quelque peu dissuadé. « *J'adorerais être une rock star mais je n'ai pas vraiment envie de finir en cure de désintoxication* », déclare-t-il au « Sun » en juin 2004. « *Les Libertines sont toujours le meilleur groupe anglais. Ils sont au sommet d'une vague de musique anglaise brillante et ils entreront dans l'Histoire comme l'un des meilleurs groupes de notre génération.* » Pour lui, le groupe symbolise la renaissance du vrai punk : « *L'album « Up the Bracket » est une réaction aux groupes comme Blink 182 ou Sum 41. Les Libertines ne se revendiquent pas punk, ils le sont : ils en ont l'attitude, l'intelligence* ». Parmi ses incontournables, il cite un album de Grandaddy, « The Sophtware Slump », qu'il qualifie d'une version « *chaude et agréable* » de « OK Computer », *le best-seller du groupe* Radiohead et qu'il aime écouter en avion, mais aussi « Electric Warrior » des T-Rex, dont son père est un grand fan, « Doolittle » des Pixies, ou encore « Never Mind the bollocks » des Sex Pistols qu'il emporterait sur une île déserte. Pas vraiment la discothèque de l'ado londonien typique…
Là encore, Harry Potter se met au service de la passion de Daniel. Avec « Le prisonnier d'Azkaban », il rencontre Ian Brown, leader des Stone Roses, qui joue un rôle de figuration au *Chaudron Baveux*. Brown se souvient d'une

soirée passée avec Daniel après un concert : « *Il y avait une vingtaine de filles de quinze ans collées à lui comme des abeilles ! Ce gamin a du succès !* ». Il a aussi la chance, avec « La Coupe de feu », de rencontrer Jarvis Cocker, ex-leader du groupe Pulp, musicien décadent et incandescent du bal de Noël de Poudlard dans le film. Daniel est ravi, d'autant qu'il est fan de l'album « Different Class » : « *Les paroles de Jarvis sont magnifiques, il me fait penser à Morrissey. Lorsque je l'ai rencontré, j'étais tellement impressionné que j'ai juste raconté des blagues minables, mais c'était un bon moment !* ». Gros privilège du statut de star : la possibilité de rencontrer, même hors travail...d'autre stars ! Daniel ne s'en prive pas, et termine bien souvent les concerts dans les loges à discuter avec ses idoles. Des situations parfois embarrassantes, comme lorsqu'il rencontre le chanteur Kele Okereke (Bloc Party) au festival de Reading. Okereke ne le reconnaît, jusqu'à ce qu'un des amis de Daniel le présente.

Malgré ces quelques *ratés*, le jeune acteur est beaucoup plus à l'aise parmi les stars que parmi les gens de son âge. Le lycée se présente à lui comme hostile et inintéressant. « *Ce n'est pas que je les trouve immatures* », dit-il de ses camarades de classe, « *Mais je ne sais pas quoi leur dire. J'ai toujours peur d'avoir l'air de me vanter, ou de mentionner trop de noms connus. Du coup je deviens excessivement timide et effacé, tant je surveille tout ce que je dis.* » Lorsqu'il retourne à la City of London School entre deux tournages, les plus jeunes sont en admiration devant lui, tandis que les plus âgés se moquent de lui. « *Les insultes sont assez bêtes. C'est du genre : « tiens, voilà Harry Potter, allons l'embêter ». Je ne sors jamais de mes gonds* ». Calme et réfléchi, Daniel possède un caractère facile et agréable, quasiment déstabilisant pour ses interlocuteurs qui s'attendent plutôt à supporter un abominable gamin capricieux. « *Bien qu'il ait vécu ses sept dernières années en compagnie d'adultes talentueux* (...), *gagné une fortune telle qu'il n'en connaît pas exactement le montant, rien chez Radcliffe ne semble trop sophistiqué ou blasé pour son âge. C'est même plutôt le contraire.* », constate le « Sunday Times ». Emmanuelle Frois, du « Figaro », est également enchantée de sa rencontre avec la star : « *De passage à Paris, il est fringant dans sa veste de velours marron glacé et a le sourire frais d'un adolescent de seize ans. Daniel Radcliffe a une simplicité saine et joyeuse et le succès ne lui a pas fait tourner la tête* ».

Très tôt plongé dans les eaux obscures et tumultueuses de la célébrité, Daniel n'a jamais été tenté par ses sirènes. « *Tout le monde aimerait me voir abandonner l'école et faire n'importe quoi. C'est ce que je suis déterminé à ne pas faire* », affirme-t-il dans « Entertainment Weekly ». Prudent, le jeune homme ne fréquente pas les clubs et bars, et se contentent de soirées entre amis ou de concerts. « *Si des paparazzi me surprennent en train de boire quinze shots de vodka* [la loi interdit aux mineurs de consommer de l'alcool en Grande-Bretagne] – *ce qui, d'ailleurs, n'arrivera jamais – ils auront gagné leur journée.* », explique-t-il dans « Observer ». « *Il y a moins de spontanéité dans ma vie que dans celle des autres adolescents* », dit-il à l'AFP. « *Si quelqu'un me propose d'aller dans tel club, je dois d'abord vérifier comment est l'endroit* ».

Emma Watson, quoique moins victime de la presse, reconnaît aussi que son adolescence n'est pas tout à fait ordinaire : « *Il y a beaucoup de pression et beaucoup de responsabilité* », raconte-t-elle à l'agence de presse Reuters. « *J'ai un travail en plus de l'école. « Harry Potter » est une franchise énorme, cela ne s'arrête jamais vraiment. C'est comme un travail à temps complet car même quand le film est tourné ce n'est pas terminé. Ce n'est jamais terminé.* (…) *L'un des côtés sympas de l'adolescence est de faire ce que l'on veut, comme se laisser pousser les cheveux, les teindre avec des couleurs bizarres, expérimenter des choses folles. Je ne peux pas vraiment faire cela, contrairement à mes amis.* »

Daniel considère avec humour les lubies des fans hystériques. Il se souvient notamment, lors de la première du premier « Harry Potter », d'une fille vêtue uniquement d'une serviette à son effigie avec une pancarte : « *Rien ne se met entre Harry Potter et moi* ». « *C'était très sympa. J'aimerais que ça recommence, d'autant plus que si je me souviens bien la fille était assez jolie. Maintenant, je pourrais faire quelque chose !* ». Le journaliste de « Observer » remarque que lorsque Daniel lui fait cette confidence, son agent, Vanessa Davies, le gronde : « *Crois moi, tu ne veux pas lire ça dans une interview* ». Davies veille au grain, et Daniel ne doit jamais sortir du politiquement correct. Plus récemment, pour la sortie de « La Coupe de Feu », une fan portait une pancarte : « *Madame Radcliffe est ici* », ce qui a quelque peu perturbé la vraie Madame Radcliffe, la mère de Daniel, qui n'avait pas encore réalisé que son fils était l'objet de tels désirs.

Des désirs certainement galvanisés par la fortune immense

de l'acteur, estimée à 17 millions de livres, soit 25 millions d'euros environ, selon le classement du « Sunday Times ». Depuis le 23 juillet 2007, le jour de ses dix-huit ans, Daniel a enfin accès à ce pactole. Pour son anniversaire pourtant, pas de fiesta orgiaque mais un simple match de cricket à Lords Cricket Ground en compagnie d'un ami puis une petite fête avec des proches de la saga « Harry Potter », de « Equus » (la pièce de théâtre dans laquelle il a joué de février à juin 2007), et sa famille. Les journaux à scandale ne pouvaient pas manquer cet événement prévisible et prometteur d'images choquantes, comme le « Daily Mail » qui écrira le lendemain à sa Une : « *Harry and the deathly hangover* » (Harry et la gueule de bois mortelle), un jeu de mots avec le titre du dernier opus de la saga, « Harry and the deathly hollows » (Harry et les Reliques de la mort). « *Sous les yeux de sa mère Marcia et de son père Alan, ses amis lui ont chanté « Happy Birthday », en s'enfilant des bouteilles de bière et de vin, de cocktail et ont goûté une série de hors d'œuvres dont du foie gras.* (...) *A six heures du matin Daniel sortait du bâtiment par la sortie de secours pour rejoindre une limousine dans une rue adjacente. Sa mère avait le regard fixe et sérieux de quelqu'un qui vient de passer beaucoup plus de temps qu'elle aurait voulu en compagnie de jeunes déchaînés* ». Le journal ajoute que Daniel a l'air pâle et titube dans la rue... Encore une fois, la star est victime des attentions oppressantes des paparazzis, mais le doute flotte : se serait-il vraiment encanaillé sous le regard de ses parents ? Les fans n'y croient pas.

Bien qu'il soit devenu l'adolescent le plus riche d'Angleterre, le jour de ses dix-huit ans, Daniel n'a pas vraiment l'intention de faire une virée shopping à cette occasion. Un journaliste de « This is London » remarque ses vieux jeans Diesel, ses trainers Dunlop usées et son téléphone portable entouré de scotch « *parce qu'il fonctionne encore* ». « *Je crois que je ne vais pas tout dépenser, car tout ce que j'aime coûte environ dix livres : des CD et des DVD.* » Mais les journalistes ne peuvent en croire leurs oreilles et insistent : va-t-il au moins s'acheter une belle voiture ? Pas sûr. « *Il faudrait déjà passer le permis* », répond-il. « *J'aimerais dire que j'ai une Ferrari, mais ce n'est pas le cas. Je n'aime pas tellement conduire. Mon père est un conducteur horrible. Je veux une voiture fiable, que personne ne regarde.* » Par exemple une Polo Volkswagen, ou une Toyota Prius. Peut-être plus tard assouvira-t-il sa passion pour l'art moderne en acquérant quelques belles pièces : il adore Jim Hodge, davantage encore Jackson Pollock.

Son argent, Daniel le met aussi au service d'œuvres de charité. Il tient particulièrement à l'hospice pour enfants Demelza (dans le Kent), une résidence pour enfants en fin de vie qui accueille aussi les familles. Régulièrement, et particulièrement à Noël, Daniel demande à ses fans d'envoyer de l'argent à l'établissement, au lieu de lui adresser des cadeaux à lui. Pour son 18ème anniversaire, le site de fans www.danradcliffe.co.uk réussit à réunir 2.600 livres de dons (3.700 euros).

Bien que Harry Potter lui ait tout donné, Daniel sait que le personnage peut aussi lui coller à la peau comme un pansement trop douloureux à arracher, et dissuader les réalisateurs de l'engager pour un rôle différent. Pour contrer le mauvais sort, il décide de *tuer Harry* comme d'autres tuent le père, avant que celui-ci ne le rejette de force. « *Je voulais faire quelque chose entre HP 4 et HP 5, pour rendre la transition plus facile quand la série s'arrêterait complètement* ». Il commence par jouer son propre rôle comme *guest-star* dans un épisode de « Extras », une série américaine hilarante racontant les déboires d'un acteur débutant. A priori, pas de gros risque. Sauf que Ricky Gervais, la star et l'auteur de la série, lui demande de jouer un Daniel un peu différent de la réalité... Vêtu d'un uniforme scout (dans la série, Ricky le rencontre sur un tournage), Daniel tente de draguer la script en l'informant qu'il ne lit jamais, en lui offrant des cigarettes puis en se vantant d'avoir « *déjà couché avec une fille* »...jusqu'à ce que sa mère débarque sur le plateau. Il jette alors les cigarettes dans les mains de la fille et prétend que celle-ci tente de le faire fumer. Dans un restaurant, il s'amuse avec un préservatif qui retombe sur la tête d'une cliente célèbre - Diana Rigg, alias Emma Peel dans « Chapeau melon et bottes de cuir ». Très convaincant dans le rôle de l'acteur égocentrique et obsédé sexuel, il rend l'épisode hilarant. « *La plupart des gens s'imaginent qu'ils vous connaissent parce qu'ils ont lu des interviews de vous. J'aimerai détruire temporairement l'image qu'ils ont de moi* », s'amuse-t-il sur le site de la série.

Il enchaîne avec un film australien indépendant, « December Boys », tiré d'un roman de Michael Noonan. Dans ce long-métrage, Daniel joue un orphelin, Maps. Pour la première fois, Maps et trois autres garçons nés en décembre comme lui sont envoyés en vacances loin de l'orphelinat, au bord de la mer. Tandis qu'ils découvrent la plage, les filles et l'insouciance, ils rencontrent un jeune couple qui ne peut avoir d'enfants. L'amitié des quatre garçons va être rudement mise à épreuve lorsqu'ils entrent en compétition pour gagner la préférence de leurs potentiels parents adoptifs. Comment Rod Hardy, le réalisateur de « December Boys », a-t-il convaincu Daniel d'accepter ce film à petit budget ? « *Je savais qu'il fallait que je trouve un acteur connu pour être financé, et lorsque quelqu'un a mentionné Daniel, je me suis dit que c'était génial, mais que je ne pouvais pas me le payer. Mais ça n'a pas été un problème. Daniel n'a pas fait le film pour l'argent, il l'a fait parce qu'il adorait le projet* », raconte Rod Hardy au « Daily Telegraph ». Et aussi parce qu'il doit prouver qu'il sait jouer, et pas seulement jouer Harry. Malgré sa grande expérience des plateaux de cinéma, Daniel est très inquiet le premier jour de tournage, fin 2005 : « *Je sais que les gens s'attendent au syndrôme de l'enfant star. Ils pensaient que je serais horrible, mais j'aime croire que je ne suis pas comme ça. Tout le monde était très sympathique et accueillant et j'ai passé de très bons moments.* » Son premier baiser de cinéma a lieu en Australie, et non dans les studios de Leveasden avec Katie Leung, mais la pression est beaucoup moins forte « *car ce n'est pas Harry Potter qui embrasse une fille* ». Dans « December boys », Maps embrasse Lucy, interprétée par Teresa Palmer, sur une plage australienne. Si Teresa Palmer garde un excellent souvenir de Daniel Radcliffe, elle est beaucoup plus méfiante de ses fans, qui l'insultent sur leurs blogs pour avoir osé enlacer Dan au cinéma. « *Ces filles me* détestent », confie-t-elle au « Sunday Mail ». « *Elles s'imaginent que je vais épouser Daniel. Lorsque j'ai eu le rôle dans « December boys », j'ai voulu regarder sur Google à quels sites renvoyait mon nom.*

Tout ce que j'ai vu était des menaces du genre : « Reste loin de mon Daniel, pétasse ». J'en rigole maintenant mais à l'époque j'en ai parlé au père de Dan, qui m'a dit d'arrêter tout de suite d'aller sur internet ».

Le film sort en septembre 2007 en Australie, et en octobre dans la plupart des villes américaines. Daniel attend beaucoup de ce long-métrage. « *Je voudrais que ça marche non seulement pour moi, mais pour toute l'équipe qui a travaillé si dur sur ce film.* (...) *J'aimerais particulièrement que ça marche pour ces trois garçons géniaux* [les trois autres « december boys », Christian Byers, Lee Cormie et Ralph Cotterill]. *Je les ai trouvés vraiment géniaux donc j'espère qu'ils iront loin. Je ne veux pas paraître paternaliste, mais je pense que ce sont de très bons acteurs.* » Le film est très bien parti, puisqu'il a déjà obtenu un trophée prestigieux en Australie, aux Australian Writers Guild awards : le prix du meilleur scénario, décerné à Marc Rosenberg.

L'homme qui murmurait à l'oreille des chevaux

« December Boys » est une expérience décisive pour Daniel, qui gagne alors assez d'assurance pour se projeter dans une vie *post-Harry.* Dès la fin du tournage de « L'Ordre du Phénix », il se lance dans une nouvelle aventure, beaucoup plus risquée et critiquée cette fois-ci. Daniel signe pour un nouveau premier rôle... au théâtre. Un pari risqué pour celui qui n'a jamais traîné sur les bancs d'une école d'art dramatique ou même eu un vrai rôle sur une scène.

Pendant seize semaines, à partir du 16 février 2007, il rencontre son public dans un théâtre du West End londonien, le Gielgud Theatre. Comme si cette audace était encore trop modeste, Daniel interprète un personnage difficile, Alan Strang, un adolescent perturbé par ses parents et qui voue une admiration malsaine...aux chevaux. La pièce, intitulée « Equus », a été écrite par Peter Schaffer en 1973. Jouée pour la première fois au National Theatre de Londres la même année, la pièce controversée a donné lieu à 1.200 représentations à Londres et à Broadway, avec Peter Firth dans le rôle d'Alan, et Anthony Hopkins (« Le silence des agneaux ») puis Anthony Perkins (« Psychose ») dans le rôle du psychanalyste Martin Dysart.

Alan Strang, écartelé entre un père athée et une mère très croyante, voue un véritable culte aux équidés depuis son plus jeune âge. A dix-sept ans, employé comme garçon d'écurie, il commet un acte de barbarie irréparable en crevant les yeux de six chevaux et est remis aux bons soins du docteur Dysart dans un hôpital psychiatrique. Pendant toute la pièce, le Docteur Dysart, interprété par Richard Griffiths, se fait le narrateur de l'histoire tragique de son patient. Le spectateur comprend alors, au fur et à mesure, la raison qui a poussé Alan Strang a commettre ce crime. Alors qu'il est garçon d'écurie, il rencontre Jill (Joanna Christie), qui tombe amoureuse de lui. Incapable de l'aimer, il explique à Jill qu'il voit dans ses yeux ceux de son cheval préféré. Honteux et hors de lui, il force la jeune femme à s'enfuir en la menaçant avec une pioche et attaque les chevaux pour se libérer de son obsession.

Le rôle est exigeant et demande notamment à ce que Daniel soit nu pendant la scène d'amour avec Jill. Mais le jeune acteur n'hésite pas, il répond tout de suite positivement aux sollicitations de la production, qui a pensé à lui sur une suggestion de son ancien *collègue*, Kenneth Branagh. « *Lorsque j'ai vu qu'il y avait une scène de nu, je ne me suis pas dit « Génial ! », mais c'est la même chose que jouer avec un accent ou une tenue spéciale* », se justifie-t-il dans une interview au « Telegraph ». « *Vous regardez d'abord le personnage. Beaucoup d'acteurs que j'admire ont à un moment ou un autre joué nus. C'est un rite de passage. Cette scène très symbolique représente le summum émotionnel et physique de la pièce. Ce serait nul de la jouer en caleçon !* ».

Dans une interview exclusive accordée à Page Banfield, la propriétaire du site www.danradcliffe.co.uk, Daniel explique avoir accepté le rôle « *avant tout pour monter sur les planches* ». « *La raison pour laquelle je voulais que ce rôle soit mon premier rôle de théâtre est que c'est une pièce vue comme choquante, controversée et très, très provocante. Si j'avais joué une comédie légère, les gens se seraient dit 'ce n'est pas du vrai théâtre'* ». Pour ses premiers pas au théâtre, Daniel suit des cours de coaching vocal pendant les dix-huit mois qui précèdent la première. « *Les techniques sont très différentes de celles que l'on doit apprendre pour jouer dans un film* », explique-t-il à « This is London ». « *Par exemple, le fait de devoir projeter sa voix, sans toutefois avoir l'air d'hurler, ceci est nouveau pour moi* ».

Thea Sharrock, la directrice de la pièce, ne cesse de complimenter le travail de Daniel : « *C'est un acteur de premier ordre. (…) Il accompagne son travail d'une discipline extraordinaire et un niveau élevé de professionnalisme* ». Il est rassuré de retrouver au théâtre Richard Griffiths, qui joue l'oncle Vernon dans les « Harry Potter » : « *Travailler avec lui est un immense privilège. Appartenir à une petite troupe de théâtre est tellement différent d'un film où il y a tant de gens que vous ne pouvez même pas tous les voir. C'est l'expérience la plus excitante que j'ai jamais vécue.* » Daniel est aussi très sensible au sujet de la pièce, qui selon lui force à s'interroger sur ses valeurs : « *L'histoire oblige à se demander s'il vaut mieux être passionné et vivre sa vie à fond, ou devenir un membre acceptable de la société. (…) Je ne crois pas qu'on puisse voir la pièce sans se questionner sur ce qui est le plus important, ses relations avec les autres personnes ou sa relation avec le monde en tant qu'organisme naturel, car c'est ce que fait Alan. Alan est connecté à la nature. Je pense particulièrement à la réplique où (…) le docteur Dysart dit : 'Je suis assis dans mon salon en train de lire ces livres sur la Grèce antique et sur les centaures dans les plaines d'Argos alors qu'il y a ce garçon de seize ans qui essaie d'en devenir un'.* »

Plus encore que pour « December Boys », Daniel sait que les critiques l'attendent au tournant et ne lui passeront rien. Il prend même le risque de se mettre à dos certains fans de « Harry Potter », notamment les parents de certains jeunes fans. « *Les gens se focalisent sur les scènes de nu et sur sa relation avec des chevaux, que ce soit une relation sexuelle ou physiquement violente comme à la fin de la pièce, mais je crois que le message de la pièce n'est pas que l'action, c'est ce qu'il y a derrière l'action et qui fait que la pièce est incroyablement émouvante.* », tente-t-il d'expliquer à Page Banfield. Dans la presse paraissent, avant même la première de « Equus », des appels de certains parents à boycotter le prochain film « Harry Potter » sous prétexte que son acteur star joue nu au théâtre. Daniel Radcliffe refuse de participer à la polémique, et répond laconiquement qu'il est dommage que certaines personnes ne tolèrent pas ses choix artistiques, ce sont leurs enfants qui en pâtiront. La Warner Bros. assure qu'elle n'a jamais tenté d'interférer dans la décision de Daniel d'incarner Alan Strang. « *Nous l'avons encouragé dans son désir d'étendre ses performances artistiques* », affirme Jeff Robinov, président de la production, à « Entertainment Weekly ». « *Nous n'étions pas vraiment inquiets. De toute façon nous n'aurions pas pu opposer notre veto* ». Ses camarades de Poudlard, eux aussi, le soutiennent publiquement, notamment Emma Watson, qui s'indigne dans « Entertainment Weekly » : « *Les titres des journaux étaient tellement idiots ! C'était du genre « Harry Potter à poil ». Comme si Dan ôtait ses vêtements pour devenir une sorte de pin-up ! Il les a bien eus. C'était très courageux de sa part, et il a réussi le défi.* »

Les pointilleux et désabusés critiques de théâtre londoniens, peu familiers de la grosse machine « Harry Potter », se sont effectivement faits surprendre par celui qu'ils pensaient achever de leur plume aussi facilement que Voldemort a éliminé les parents d'Harry. Même les plus rétifs devront l'avouer : Daniel Radcliffe est un acteur avec un grand A. Dans sa chronique de théâtre, un journaliste du « Star » commence par une allusion moqueuse aux pectoraux musclés de Daniel : « *Pas de doute, pour se préparer à être vu nu par des milliers de personnes, Radcliffe, dix-sept ans, a fait de la musculation et s'est fait lustrer. On se demande, cependant, s'il n'aurait pas été préférable d'accroître la taille de sa présence sur scène plutôt que ses pectoraux. (…) Dans les scènes d'ouverture, lorsqu'il refuse de co-opérer avec Dysart en chantant des jingles publicitaires (…), Radcliffe semble plus irrité que pervers. Il doit communiquer son angoisse à Griffiths, mais cela n'atteint pas les premiers rangs de la salle.* » Puis le journaliste se laisse séduire par Radcliffe qu'il trouve beaucoup plus convaincant dans le deuxième acte : « *Radcliffe s'avère à la hauteur du rôle et capable d'un jeu époustouflant, particulièrement dans la fameuse scène pivot de la pièce. (…) Alors que les illusions de Strang sur le monde adulte volent en éclats, Radcliffe délivre une performance de vulnérabilité déchirante.* » Malgré ses impressions partagées, il conclut par cette sentence « *Radcliffe voulait montrer qu'il pouvait jouer autre chose que Harry Potter et il a réussi. Il a également fait preuve d'un courage artistique qui augure d'un bel avenir post-Potter* » que le « Guardian » approuve : « *La révélation de cette renaissance* [de la pièce « Equus »] *est que Daniel Radcliffe sait vraiment jouer, démontrant que sa performance en tant que héros de J.K. Rowling n'est pas dû à un coup de baguette magique* ». Le « Telegraph » est impressionné : « *Malgré son peu d'expérience au théâtre, Radcliffe dégage ici une force dramatique et une présence scénique électrique qui marquent un bond en avant.* »

Pour Daniel, la première s'apparente pourtant à un cauchemar éveillé. Il confie ses impressions en exclusivité à « Evening Standard » : « *C'était bien mais j'étais terrifié. Nous donnions des avant-premières depuis deux semaines et je croyais que ce ne serait qu'une de plus. Mais une heure avant j'ai réalisé que c'était énorme. C'était effrayant mais on m'a tellement accompagné en coulisses, et sur la scène Richard Griffiths m'a beaucoup aidé.* » Joanna Christie, qui joue le rôle de Jill, fille d'écurie amoureuse d'Alan Strang, est aussi très présente aux côtés de Daniel. Bien qu'elle soit elle aussi nue sur scène lors de la scène d'amour des deux adolescents, Joanna a conscience de ne pas être le centre d'attention des spectateurs, comme elle le dit sur www.theatre.com : « *Quoi que je ressente à propos de cette scène, c'est mille fois pire pour Daniel. La pression sur lui était énorme, mais nous l'avons fait ensemble et nous nous sommes vraiment soutenus l'un l'autre. (...) Nous avons une totale confiance en l'autre, ce qui était indispensable pour jouer cette scène.* »

Enchanté de sa première expérience au théâtre, Daniel annonce déjà qu'il est prêt à jouer dans d'autres pièces. « *C'est*

l'expérience la plus grisante que j'ai connue. Le cinéma est fantastique mais l'adrénaline que vous avez sur scène est tout simplement époustouflante ». L'acteur se sent prêt à tout après ce baptême du feu.
Page Banfield, du site www.danradcliffe.co.uk, en est bouleversée : « *Bien que je pense que Daniel possède des talents multiples pour le cinéma, la télévision ou le théâtre, je ressens au plus profond de moi que Daniel a trouvé sa voie sur scène et que cette performance artistique est de loin la plus forte que j'ai jamais observée.* » Le jeune acteur s'efforce de laisser Alan Strang au théâtre. « *Parfois, il est difficile de se détacher d'un personnage, particulièrement quand vous l'avez interprété pendant seize semaines. Vous vous attachez à lui, et, quelque part, c'est difficile de ne plus être dans sa peau tous les soirs. Mais en même temps, il est essentiel de le laisser derrière et de continuer à avancer* ».

La dernière de « Equus » a lieu le 9 juin 2007. Pendant ces seize semaines, Daniel est plus que jamais la proie des paparazzis, du fait de la polémique provoquée par sa nudité sur scène et de la grande accessibilité du théâtre. Il fait part de son agacement à un journaliste de « This is London » : « *Un paparazzo solitaire a traîné autour de la salle de répétition toute la journée. J'admire sa persévérance, mais s'imagine-t-il vraiment que je vais sortir d'ici nu ? Je peux comprendre pourquoi les gens veulent voir des images de célébrités titubantes à la sortie des boites. Mais un jeune acteur reconduit chez lui par ses parents après une journée de répétition ? Je ne pense pas* ». L'acteur développe alors une stratégie efficace. En sortant du théâtre chaque soir, il ne tente pas de se cacher des objectifs mais au contraire prend tout son temps, et porte rigoureusement la même tenue que la veille, au détail près. « *Ainsi les photos n'ont aucun intérêt car elles ressemblent comme deux gouttes d'eau à celles prises la veille* », plaisante-t-il auprès de l'AFP.

Contrairement à « Harry Potter », « Equus » ne laisse pas le temps à Daniel de suivre des cours particuliers. Il prend donc un an de retard et avoue à Craig McLean, journaliste à « Observer », qu'il ne sait pas quand il passera ses A-levels (l'équivalent du baccalauréat), ni même s'il les passera. Une chose est certaine : il ne fera pas d'études universitaires. « *Je préfère m'éduquer seul en lisant toute la journée, ce que j'adore faire.* » Ses parents ne semblent pas s'inquiéter de ce choix. « *Lorsque vous dites que vous ne voulez pas aller en fac, on vous regarde comme si vous étiez un raté.* », s'amuse Radcliffe dans « Entertainment Weekly ».

Daniel est sûr de lui et le prouve dès l'été 2007. Tandis que la plupart des jeunes de dix-huit ans profitent des vacances pour enchaîner les sorties ou se ressourcer avant le lycée, Daniel profite de ces deux mois de creux avant le tournage de « Harry Potter et le prince de sang-mêlé », qui commence en septembre, pour entamer un nouveau projet. Il revient aux sources de sa carrière avec un téléfilm, « My Boy Jack », diffusé en novembre 2007 sur la chaîne britannique ITV. Daniel y joue Jack Kipling, le fils de Rudyard Kipling, pendant la première guerre mondiale. Le téléfilm raconte comment le célèbre écrivain britannique a joué de son influence pour que son fils rejoigne les gardes irlandais malgré son échec lors des tests médicaux. Jack est porté disparu pendant la bataille de Loos, et son père et sa mère mènent une quête ardente de plusieurs années pour découvrir la vérité sur son sort. « *Ce film évoque les sentiments pro-guerre de perte et de culpabilité de Kipling* », explique Daniel.

Lorsqu'on lui demande quels sont ses projets pour la suite, Daniel garde intacte la foi et l'ambition des jeunes gens de son âge : « *Je pense que je vais continuer à jouer et j'espère que je ferai des choses vraiment intéressantes et différentes. J'espère aussi pouvoir continuer à faire des choses très difficiles pour ne pas devenir complaisant.* » Son objectif : tenter de prendre la carrière de Gary Oldman pour modèle. Il reste toutefois conscient des dangers de sa *Potterisation* et en prend son parti : « *Certaines personnes seront plus qu'heureuses de me voir dans d'autres rôles, mais certaines autres ne me verront jamais autrement que comme Harry Potter. Une fois que vous acceptez cela, tout va bien.* »

Rupert Grint semble également assez confiant pour son avenir en tant qu'acteur. Premier rôle de « Driving Lessons », racontant l'éducation sentimentale d'un jeune anglais étouffé par sa mère chrétienne prosélyte et attiré par une actrice exubérante, il a commencé sa reconversion avant les autres. Même s'il n'a aucun projet concret pour le moment, il n'est pas du genre à se morfondre : « *Si ça ne marche pas, je pourrai toujours me rabattre sur la vente de crèmes glacées* », lâche-t-il. Rupert vient en effet d'acquérir un camion de crème glacée. Emma Watson est la plus soucieuse des trois. Elle a beaucoup hésité avant de signer pour les deux derniers volets de la saga, craignant pour son parcours scolaire. Elle aimerait faire de la comédie son métier, mais constate que « *vraiment, dans ce milieu, les choses sont imprévisibles et ne dépendent pas de vous* ». Elle s'intéresse aussi à la littérature anglaise, à la géographie et à l'histoire de l'art. « *La suite des événements dira si je suis faite pour le métier d'actrice, car j'étais si jeune quand j'ai été choisie pour interpréter Hermione.* »

Daniel consacre aussi de plus en plus de temps à la poésie, et pourrait se tourner vers une carrière d'écrivain. Il est passionné par Tony Harrison, qu'il a étudié pour ses examens de AS levels (équivalent de la classe de première en France). « *Au début, je trouvais ses poèmes denses et difficiles à comprendre mais une fois que je me suis habitué à son style et que j'ai appris plus de choses sur son milieu, les poèmes sont devenus non seulement clairs, mais brillants* ». Né à Leeds en 1937, Tony Harrison est le plus grand poète de Grande-Bretagne à avoir écrit pour le cinéma et le théâtre. Il a notamment composé plusieurs pièces pour le National Theatre de Londres, le New York metropolitan Opera, la BBC et la chaîne de télévision Channel 4. Il est l'auteur de plus de quinze recueils de poèmes, dont les célèbres « Selected Poetry » et « V. and Other Poems ». Le poème préféré de Daniel s'intitule « Allotments », ce qui signifie « Les jardins ouvriers ». « *C'est le premier poème que j'ai vraiment compris* », confie-t-il au site History Boys. « *Ce poème était très excitant et inspirant car il m'a prouvé qu'un poème pouvait être à la fois drôle et sombre, dégoûtant mais pas gratuit et complexe tout en étant accessible. Il raconte les exploits du poète dans la ville de Leeds et comment, après avoir été pris en flagrant délit de relation sexuelle dans un abattoir par un survivant des camps de concentration, il est profondément angoissé. Tony Harrison travaille le dialogue du survivant des camps en douceur, avec beaucoup d'humour noir.* »

David Yates n'a aucun doute sur l'avenir de Daniel: « *Je pense que Daniel sera un acteur majeur de notre communauté cinématographique* », prédit-il dans le « Manila Times ». Pierce Brosnan, qui l'a rencontré sur le « Tailleur de Panama » quand il avait seulement dix ans, lui a trouvé un avenir en or : « *Pour le prochain « James Bond, Colin Farrell serait parfait. Mais si vous en voulez un encore plus jeune, je pense à Daniel Radcliffe. Donnez lui quelques années. Vous l'imaginez, n'est-ce pas ? Il serait génial. De Harry Potter à James Bond* », déclare-t-il au « Sun » en 2004.

Daniel rêve sa vie d'adulte chaque jour, et pourquoi pas...en Australie. Sa famille possède une maison à Melbourne où ils se réfugient souvent pour fuir le froid londonien. « *J'adore l'Angleterre, mais je trouve que ce pays a un côté blasé de tout. En Australie, les gens n'ont pas peur d'être enthousiastes. Je suis quelqu'un d'assez enthousiaste en général. Je suis assez passionné, et en Angleterre on vous regarde de travers quand vous devenez trop lyrique à propos de quelque chose.* »

Epilogue 1
Quel avenir pour Harry ?...

Attention, ne lisez pas ce chapitre si vous n'avez pas encore lu le dernier roman de J.K. Rowling...

Le 21 juillet 2007, le monde entier découvre le septième et dernier tome de la saga « Harry Potter » : « Les reliques de la mort ». Tandis que les millions de fans implorent J.K. Rowling de continuer à écrire les aventures du petit sorcier, celle-ci reste assez évasive dans ses interviews. « *Je pense que l'histoire de Harry arrive à une fin assez claire dans le septième livre* », dit-elle à la BBC. « *Mais j'ai toujours dit qu'il ne faut jamais dire jamais. Je ne peux pas dire que je n'écrirai jamais un autre livre sur Poudlard parce que je me dis « Qu'est-ce que j'en sais, dans dix ans peut-être que je voudrais y retourner », mais je pense que c'est peu probable.* »

Daniel Radcliffe a été, pendant ces dernières années, continuellement interrogé sur la fin de la saga « Harry Potter ». Il n'a cessé de répéter que, mis à part J.K. Rowling elle-même, et peut-être son mari, personne ne connaissait la fin de la saga. Il a toutefois répété qu'en tant qu'acteur, il préférerait que Harry meurt, comme il l'explique au « Sunday Times » : « *J'aimerais qu'il meurt car j'ai un penchant pour les scènes mélodramatiques. Et la prophétie dans le cinquième livre dit qu'un seul des deux, Voldemort ou Harry, peut survivre.* »

Mais lorsqu'il lit finalement le septième tome, Daniel se dit « *enchanté* » dans une interview à « Entertainment Weekly » que Harry, Ron et Hermione survivent tous les trois. « *Bizarrement, je pense que c'est le choix le plus courageux qu'elle* [J.K. Rowling] *pouvait faire. J'étais convaincu depuis deux ans que Harry allait mourir ! (...) Mais depuis six mois, cela m'a semblé un peu trop évident. Elle devait trouver une manière plus intelligente de terminer l'histoire. J'ai vraiment aimé l'épilogue.* »

Daniel a dévoré le livre en quelques jours, et s'est dit particulièrement choqué par la mort de Dobby, l'elfe de maison, car ce personnage avait toujours eu un rôle comique jusqu'à présent. « *Je pense que c'est ce qui rend sa mort si puissante. Je suis sûr que Jo* [Rowling], *l'avait programmée depuis longtemps.* » L'acteur est ravi que l'une de ses théories au moins soit validée : « *J'avais pensé que Rogue pourrait s'avérer être une sorte de héros tragique, et j'étais heureux de constater que c'était le cas.* » Encore une fois, Daniel n'a pu s'empêcher de penser à son jeu en lisant l'œuvre de Rowling. « *Dans un sens, le laps de temps entre lequel Harry apprend qu'il doit mourir et sa mort n'est pas assez court pour lui épargner la souffrance. Mais il n'est pas non plus assez long pour qu'il accepte complètement la mort. Il doit lutter pour l'accepter, jusqu'à trouver, finalement, une sorte d'accord, sans être nécessairement réconcilié avec cette idée. Il sait qu'il doit le faire, mais il est toujours terrifié. J'ai trop hâte de tourner ces scènes. Je crois que Jo m'a donné, une fois de plus, une chance extraordinaire de m'améliorer. J'espère que j'en serai capable.* »

Epilogue 2
Quel avenir pour Daniel ?...

Le 9 juillet 2007, Daniel Radcliffe est officiellement entré dans la légende d'Hollywood. La star et ses deux amis Rupert Grint et Emma Watson ont laissé leurs empreintes de pieds et de mains dans le ciment du mythique Walk of Fame de Sunset Boulevard, auprès de celles de Marilyn Monroe ou Humphrey Bogart. Un moment inoubliable pour les trois ados qui se disent « *gênés par cet immense honneur* ». « *C'est vraiment incroyable de se retrouver à côté de gens comme John Wayne* », commente Daniel. Une juste récompense quand on sait que la saga « Harry Potter » a déjà rapporté plus de 3,5 milliards de dollars de recettes en quatre films !

En huit ans de carrière, Daniel Radcliffe a reçu des dizaines de prix dans le monde. Parmi les plus prestigieux, on trouve un premier prix aux ITV 2004 Celebrity Awards, une deuxième place au 2006 Golden Grand Prix Awards (Japon), et un prix de Meilleur acteur masculin aux Ciné Awards belges en 2006.
Les sites de fans pullulent sur la toile, des plus sérieux comme www.danradcliffe.co.uk aux blogs de collégiennes énamourées. Certaines fans n'hésitent pas à parler du jeune acteur comme de leur « *raison d'être* », sans compter les centaines de demandes en mariage.

Daniel Radcliffe parviendra-t-il à garder la tête froide, à faire les bons choix tant professionnellement que dans sa vie privée ? Il veut le croire. « *Mon père est quelqu'un d'exigeant, il se trompe rarement sur les gens* », confie-t-il à « This is London ». « *J'espère que je partage certains de ses gènes. C'est seulement quand les gens vous disent : « Tu sais, je ne suis pas ami avec toi seulement parce que tu es Harry Potter » que vous savez qu'ils mentent sûrement.* »

Pour écrire cette biographie, j'ai écumé toutes les sources, du « New York Times » et du « Guardian » jusqu'au quotidien phare de Manille, le « Manilla Times ». Je n'ai découvert aucun vice caché, aucune prétention honteuse, aucun écart de la star. Même les tabloïds sèchent à son sujet. Daniel ne fume pas, ne boit pas, ne se drogue pas, ne séduit pas plus de filles qu'un autre garçon de son âge, et ne claque pas son argent à tout va. Le jeune homme sage et discipliné vit encore chez ses parents, et il s'y sent très bien. « *J'ai l'impression que la presse s'attend toujours à ce que les enfants stars déraillent. Nous* [lui et ses camarades de « Harry Potter »] *sommes déterminés à ne pas leur faire ce plaisir.* »

Avec cinq grosses productions, deux téléfilms, un film indépendant et une pièce de théâtre, le CV de Daniel Radcliffe le place en tête des *nouvelles stars* du cinéma. A lui maintenant de construire son avenir en-dehors de « Harry Potter », sans céder aux pièges de la célébrité.

ANNEXES

Télévision

« My Boy Jack »
réalisé par David Haig
avec Carey Mulligan, Peter O'Meara, Nick Dunning
Première diffusion : novembre 2007 sur ITV

« Extras »
(saison 2 - épisode 12)
réalisé par Ricky Gervais
avec Ricky Gervais, Ashley Jensen, Stephen Merchant
Première diffusion : septembre 2006 sur la BBC2

« The Bill »
(saison 19 - 1 épisode)
Première diffusion : printemps 2002 sur ITV

« David Copperfield »
réalisé par Simon Curtis
avec Emilia Fox, Pauline Quirke, Maggie Smith
Première diffusion : décembre 2000 sur la BBC

Cinéma

« Harry Potter et le prince de sang-mêlé »
réalisé par David Yates

avec Emma Watson, Ruper Grint
sortie prévue en novembre 2008

« December Boys »
réalisé par Rod Hardy
avec Christian Byers, Misty Lee Cormie, Spit James Fraser
(2007)

« Harry Potter et l'Ordre du Phénix »
réalisé par David Yates
avec Emma Watson, Ruper Grint,
Ralph Fiennes, Gary Oldman
(2007)

« Harry Potter et la Coupe de feu »
réalisé par Mike Newell
avec Emma Watson, Ruper Grint,
Ralph Fiennes, Gary Oldman
(2005)

« Harry Potter et le prisonnier d'Azkaban »
réalisé par Alfonso Cuaron
avec Emma Watson, Ruper Grint, Gary
Oldman, Emma Thompson
(2004)

« Harry Potter et la chambre des secrets »
réalisé par Chris Columbus
avec Emma Watson, Ruper Grint, Kenneth Brannagh
(2002)

« Harry Potter à l'école des sorciers »
réalisé par Chris Columbus
avec Emma Watson, Ruper Grint
(2001)

« Le tailleur de Panama »
réalisé par John Boorman
avec Pierce Brosnan, Jamie Lee Curtis, Geoffrey Rush
(2001)

Théâtre

« Equus »
de Peter Schaffer
mis en scène par Thea Sharrock
De février à juin 2007, au Gielgud Theatre (Londres)

« The play that I wrote »
de Hamish Mc Coll
mis en scène par Kenneth Brannagh
Novembre 2002, au Wyndham's Theatre (Londres)

Ses livres préférés

« Les enfants de minuit » de Salman Rushdie
« Chambre obscure » de Vladimir Nabokov
« La débâcle » d'Emile Zola
« Les gens de Dublin » de James Joyce
« Crime et châtiment » de Dostoïevski
« Good Morning Midnight » de Jean Rhys
« L'amour au temps du choléra » de Gabriel Garcia Marquez
« Le procès » de Franz Kafka

Ses films préférés

« Brève rencontre » (David Lean, 1945)
« L'incroyable destin de Harold Crick » (Marc Forster, 2006)
« La fureur de vivre » (Nicholas Ray, 1956)
« Annie Hall » (Woody Allen, 1977)
« Little Miss Sunshine » (Jonathan Dayton, Valérie Faris, 2006)
« Cours Lola cours » (Tom Tykwer, 1998)
« Les hommes du président » (Alan J.Pakula, 1976)
« Priscilla folle du désert » (Stephan Elliott, 1995)
« Docteur Folamour » (Stanley Kubrick, 1964)
« Douze hommes en colère » (Sidney Lumet, 1957)

Sites internet

Harry Potter

Le site officiel des films:
http://harrypotter.warnerbros.fr/site/index.html

Le site officiel des livres :
www.harrypotter.gallimard-jeunesse.fr

Les meilleurs sites de fans en français :
www.universharrypotter.com
www.h-potter.com
www.poudlard.org
www.harrypotterforever.org
http://mondeharrypotter.free.fr
www.harry-potter-et-moi.com
www.gazette-du-sorcier.com

L'encyclopédie HP :
www.encyclopedie-hp.org

Le site officiel de J.K. Rowling :
www.jkrowling.com

Daniel Radcliffe

Le site recommandé par Daniel, en anglais seulement:
www.danradcliffe.co.uk

Les autres sites de fans :
http://dan-radcliffe.net
www.danradcliffeonline.com
www.danradcliffe.com
http://danradcliffelibrary.net/

En français :
http://danradcliffelibrary.net/
http://teemix.aufeminin.com/w/star/f1000/fan-club/Daniel-Radcliffe.html
http://cine.ados.fr/Daniel-Radcliffe.html
http://www.little-stars.info/acteur/danielradcliffe/

Sommaire

Dans la même collection

PORTRAITS DE STARS

« Alyssa Milano » par Régis Alonso, 2007

« Tokio Hotel » par Aurélia Chaplet, 2007

« Wentworth Miller » par Régis Alonso, 2007

Chez le même éditeur

BEAUX LIVRES

« Madonna - Dancing Queen », 2006

« Mylène Farmer - La collection », 2007

« Marilyn Manson - Photographies », 2007

« Britney Spears on stage » par Joachim Ohnona, 2007

« Madonna on stage » par Frédéric Gillotteau, 2007

ESSAIS

« Mylène Farmer - Le culte » par Sophie Khairallah, 2007

TEMOIGNAGES

« Fan des sixties » par Jacques Brachet, 2006

Si vous souhaitez être édité par Why Not, envoyez votre manuscrit à :

Editions Why Not
comité de lecture
44 avenue Aubert
94300 Vincennes

Pour être tenu(e) informé(e) de nos publications, inscrivez-vous à notre lettre d'information sur www.editionswhynot.com

---